I0605850

ARCHIVES DU TRAVAIL
sous la direction de Paul Boulland,
Nicolas Hatzfeld et Michel Pigenet
4

Contrats du livre imprimé (Italie du Nord, 1470-1528)

Contrats du livre imprimé

(Italie du Nord, 1470-1528)

« Et ainsi les parties se sont accordées… »

Édition critique par Catherine Rideau-Kikuchi

PARIS
CLASSIQUES GARNIER
2024

Catherine Rideau-Kikuchi est maîtresse de conférences à l'université de Versailles Saint-Quentin-en-Yvelines (Paris-Saclay). Ses recherches portent sur les débuts de l'imprimerie et les acteurs de la production du livre en Italie à la fin du Moyen Âge (*La Venise des livres*, Paris, 2018). Ses travaux récents ont porté sur la construction de marchés économiques et les interactions entre acteurs intellectuels et considérations économiques dans ce contexte.

ISBN 978-2-406-17381-6 (livre broché)
ISBN 978-2-406-17382-3 (livre relié)
ISSN 2802-7817

INTRODUCTION

L'imprimerie, un nouveau monde du travail

LE DÉVELOPPEMENT D'UNE NOUVELLE INDUSTRIE

L'imprimerie développée en Europe au milieu du XVe siècle, est probablement l'un des rares cas, avant l'époque contemporaine, où l'on peut observer le développement d'une industrie et d'un monde du travail quasiment *ex nihilo*. Si la demande de livres était en pleine croissance depuis le XIIIe siècle en Europe occidentale et si les innovations de Gutenberg s'appuient sur les développements des industries métallurgique et papetière existantes, le procédé de l'imprimerie à caractères mobiles nécessite la mise en place d'une organisation productive nouvelle, qui n'a plus grand chose à voir avec les ateliers de copistes laïcs présents dans les villes médiévales[1]. Le commerce du livre va ensuite tirer parti de la multiplicité des métiers du livre – relieurs et enlumineurs notamment –, du développement des universités, pourvoyeuses de main-d'œuvre intellectuelle pour l'établissement des textes et leur correction, ainsi que des réseaux de distribution du livre et plus largement du grand commerce européen et méditerranéen. Il n'en demeure pas moins que l'organisation dans les ateliers, le volume de la main d'œuvre, les besoins en capital et la production changent de nature et d'échelle par rapport au processus manuscrit[2].

1 Pour une approche générale sur le sujet, voir (Barbier, 2006).

2 La bibliographie sur les débuts de l'imprimerie est pléthorique et nous ne pourrons ici en citer qu'une très faible partie. Nous nous en tiendrons à des références générales, comparatives, ou alors au contraire à des travaux pointus sur certaines des villes et des acteurs que nous citons. Nous rappelons cependant que ces études sont aujourd'hui particulièrement représentées en France, à travers les travaux de Rémi Jimenes (2017) notamment. En Angleterre, les travaux qui ont lieu autour de Cristina Dondi ont porté sur la circulation des livres imprimés avant 1500 et ont notamment abouti à un volume

Avant d'aller plus loin, il est sans doute nécessaire de s'accorder sur les termes. Nous parlons ici d'industrie du livre, alors que certains auteurs préfèrent réserver le terme pour les développements du XIXe siècle. Philippe Braunstein, dans *Travail et entreprise au Moyen Âge*, propose de qualifier d'industrie les activités productives quantitativement importantes, régulières, de qualité constante et avec une distribution commerciale qui dépasse l'échelle locale (Braunstein, 2003). À sa suite, Philippe Bernardi et Catherine Verna soulignent que le produit final industriel peut se retrouver, au Moyen Âge et dans les sociétés dites « pré-industrielles », dans les activités liées à la laine, la soie, la métallurgie et ce, même quand les entreprises sont de dimension modeste. Leur systématisme et leur distribution commerciale large permet de les qualifier de cette manière, sans que cela soit incompatible avec un niveau d'organisation artisanal, qui s'articule parfois à différentes étapes de la production d'un produit industriel (Bernardi et Verna, 2001).

Le cas des débuts de l'imprimerie est emblématique de cette industrie d'avant la révolution industrielle. Il s'agit en effet d'entreprises qui peuvent être de taille modeste, mais l'ampleur des tirages (plusieurs centaines d'exemplaires dès les premières années) et leur standardisation relative, malgré les interventions manuscrites ou manuelles possibles, entraînent le déploiement de réseaux commerciaux de moyenne et de longue distance. Les imprimeurs travaillent avec les libraires, les enlumineurs, les relieurs et les papetiers ; ils s'insèrent dans une économie artisanale et industrielle préexistante. Le produit imprimé peut bien être qualifié d'industriel, selon la définition qui vient d'en être proposée.

Malgré l'ampleur de ces transformations, la circulation de livres imprimés n'empêche pas le maintien d'une circulation encore importante de manuscrits. Par ailleurs, ni tous les ateliers ni tous les centres typographiques n'ont une dimension européenne, loin de là. Cependant, les éditions se multiplient – environ 9 650 pour la seule péninsule

---

collectif de grande ampleur (Dondi, 2020) En Italie, les travaux menés autour d'Angela Nuovo et du projet *Early Modern Book Trade* abordent les mécanismes économiques et en particulier les mécanismes de fixation des prix au cours du XVIe siècle (Nuovo, Proot, Booton, 2022) ; voir également la synthèse toujours d'actualité d'Angela Nuovo sur le commerce du livre en Italie (2013). En Allemagne enfin, plusieurs études appuyées sur les archives italiennes ont permis de mettre au jour des acteurs du livre jusque-là méconnus (Daniels, 2018 ; Böninger, 2021)

italienne avant 1500[3] – et les tirages augmentent rapidement – on évalue la médiane des tirages avant 1500 à 400-500 exemplaires, mais certains ouvrages peuvent atteindre le millier d'exemplaires dès les années 1470-1480 chez les imprimeurs et éditeurs les plus installés (Nuovo, 2003, p. 38-43). Le nombre de villes accueillant une presse et le nombre d'ateliers actifs dans le même temps explosent dans les années 1480. À Venise par exemple, à partir des années 1480, on compte entre 50 et 70 imprimeurs et éditeurs économiques actifs simultanément dans la ville, et ce jusqu'aux premières années du XVIe siècle (Kikuchi, 2016, p. 574).

DANS L'ATELIER TYPOGRAPHIQUE

Cette effervescence crée une demande de main d'œuvre accrue dans ce nouveau métier. On sait que certains ateliers en Europe ne comptent qu'une ou deux presses, d'autres, rares, plusieurs dizaines. Le cas le plus emblématique de ces grands établissements est celui d'Anton Koberger, entrepreneur de Nuremberg, qui possède vingt-quatre presses et jusqu'à 100 compagnons. On estime en général, qu'un atelier pouvait réunir entre dix et cinquante ouvriers et employés, à raison d'environ trois ouvriers par presse. Le rythme du travail nécessite une division et une étroite synchronisation entre les différentes étapes : composition, impression, correction (Jastrbizkaja, 1992, p. 540-543). Les sources sur cette organisation sont parcellaires. Les livres eux-mêmes et leur examen codicologique offrent des informations cruciales sur les nécessités matérielles de l'assemblage des feuillets, l'organisation des passages sous presse, les corrections à la volée dans l'atelier… Les quelques représentations iconographiques qui nous sont parvenues donnent à voir les divers ouvriers présents, comme la *Grant danse macabre des hommes et des femmes* parue à Lyon en 1499-1500 chez Mathieu Husz (fig. 1) : il s'agit de la première représentation connue d'une imprimerie, sur laquelle on peut observer l'encrier, le pressier, le compositeur et le vendeur. Certains procès ou suppliques des imprimeurs permettent de discerner des éléments de l'organisation concrète et quotidienne, mais cette représentation permet de visualiser peut-être plus clairement ce que

3 Selon l'Incunabula Short Title Catalogue (ISTC).

des sources écrites évoquent. En 1473, Jacques Le Rouge à Venise indique faire fonctionner quatre presses avec douze ouvriers, à qui il doit offrir la nourriture et un salaire, plus sans doute six membres non-salariés de sa famille[4]. La description polémique par Érasme de l'atelier d'Alde Manuce décrit quant à lui une maisonnée d'une trentaine de personnes qui travaillaient dans une grande promiscuité ; la hiérarchie entre maître et ouvriers, hommes et femmes, était cependant très marquée. Après avoir décrit la nourriture atroce qu'Andrea Torresani se servait à lui-même, à son gendre Alde Manuce et à ses hôtes, prolongeant le repas pendant plus d'une heure, Érasme rapporte que « pendant ce temps, les femmes s'assemblaient à leur tour pour manger » et les ouvriers « ne partageaient pas [leur] table, mais déjeunaient et dînaient entre eux, à leurs heures, et en consacrant à peine plus d'une demi-heure par jour à s'alimenter (Érasme, 1992, p. 321-322) ».

FIG. 1 – *La grant danse macabre des hommes et des femmes*, Lyon, Mathieu Huss, 1499. Exemplaire de Princeton, Scheide Library, 43.2, http://arks.princeton.edu/ark:/88435/ms35td33q.

4 Archivio di Stato di Venezia (ASVe), Giudici di Petizion, Sentenze a giustizia, b. 159, f° 44-47, 1473.

Les sources qui nous permettent d'accéder au travail des ouvriers et ouvrières sont parcellaires et fugaces pour la première période de l'imprimerie, et sont surtout concentrées sur les grands ateliers. Cependant, on voit déjà à travers ces quelques exemples l'une des caractéristiques de l'imprimerie, qui est de faire interagir et collaborer des individus de statuts et de conditions socio-économiques très diverses. Un atelier fonctionne avec des ouvriers peu qualifiés : l'encrier et le pressier en particulier, qui s'occupent du maniement de la presse. Le compositeur qui compose la forme typographique doit *a minima* être habitué au maniement des lettres. Le correcteur d'épreuve doit savoir lire, et est parfois un de ces « humanistes aux doigts pleins d'encre » évoqués par Anthony Grafton (Grafton, 2011), voire l'auteur lui-même, à l'image d'Érasme qui relisait les épreuves à la sortie des presses d'Alde. Les relieurs, graveurs et enlumineurs qui gravitaient autour des ateliers apportent également des compétences spécifiques et diversement reconnues. Il faut enfin rajouter une autre catégorie, celle des libraires, ceux qui vendent des livres sans nécessairement les produire eux-mêmes, faute de compétences techniques ; certains font office d'éditeurs commerciaux et délèguent à un imprimeur, parfois anonyme, la production des ouvrages. Cette catégorie est présente dès les premières années de l'imprimerie mais la frontière est souvent très fine, voire inexistante, entre ces différents rôles parfois assumés par une même personne, simultanément ou dans la durée.

Rajoutons enfin que l'imprimerie est une industrie qui nécessite un apport en capitaux continu et particulièrement important en comparaison d'autres industries médiévales. Au sein du matériel typographique nécessaire, les presses sont relativement peu chères, à la différence des caractères et des poinçons qui peuvent être extrêmement onéreux, surtout s'ils sont de bonne qualité. On sait par exemple que Claude Garamond reçoit 225 livres tournois pour les Grecs du Roi – à cette époque, il s'agit du tiers de la pension annuelle de Léonard de Vinci (Parent-Charon, 1973, p. 55-67) ; pour des fontes de moins bonne qualité, on peut compter entre 10 et 70 livres, selon l'état d'usure (Febvre et Martin, 1999, p. 166-67). Lors du lancement d'une impression, le papier revient à une petite moitié des dépenses nécessaires pour un atelier standard, l'autre moitié étant principalement destinée aux salaires des ouvriers – ceux-ci étant payés en Italie du Nord entre 1,5 et 5 ducats par mois dans le dernier tiers du XVe siècle, en fonction de leurs qualifications. Alde Manuce explique devant le Sénat vénitien avoir environ 200 ducats de frais mensuels, ce qui est estimé assez proche de la réalité (Lowry, 1989, p. 93-108). Ces avances doivent être faites alors même qu'il est souvent impossible de vendre les livres en cours d'impression, et donc de commencer à avoir une rentrée d'argent avant l'achèvement complet de l'édition (Kikuchi, 2018a). En comparaison des autres industries médiévales, l'apport nécessaire est sans commune mesure : en 1389, deux cardeurs ont un apport de 51 florins pour monter une société de 5 ans et les frais courants d'un tondeur à la même période s'élèvent à une ou deux centaines de florins par an (Franceschi, 1993, p. 43-61), ce qui est bien loin des frais d'Alde Manuce, si l'on estime que le florin florentin de la fin du XIVe siècle vaut un peu moins que le ducat vénitien de la fin du XVe siècle. Pour cette raison, beaucoup d'éditions de la première période de l'imprimerie européenne nécessitent deux partenaires, voire bien plus, qui se partagent les frais et collaborent à des degrés variés au travail d'impression et de vente proprement dit. Certains de ces noms peuvent se trouver cités dans les colophons[5] des ouvrages ; d'autres ne sont pas mentionnés dans le volume, mais peuvent nous être connus par d'autres biais, via les sources notariées ou judiciaires qui font état de ces accords et de ce partage des tâches.

AU CROISEMENT DE PLUSIEURS MONDES

Cette nécessaire collaboration n'est pas seulement due aux besoins de capitaux, mais aussi à la nature même de l'activité de l'imprimerie, qui se trouve à la frontière du monde artisanal, du monde du grand commerce, du monde savant et universitaire, sans compter l'implication quasi immédiate des sphères politique

5 C'est-à-dire les courts textes insérés en fin de volume, indiquant le nom de l'imprimerie, la ville et la date d'impression, sous des formes plus ou moins développées.

et religieuse. Dans l'espace considéré ici, l'Italie du Nord, et plus spécifiquement quatre villes (Trévise, Padoue, Venise et Bologne), l'imprimerie se développe de façon très contrastée (fig. 2) : durant la période incunable, c'est-à-dire la période courant jusqu'en 1500, Venise est la première ville productrice d'incunables, Bologne est l'un des pôles universitaires importants de la péninsule italienne ; Trévise et Padoue en revanche accueillent une imprimerie de petite taille, dans l'orbite directe, à la fois politique et économique, de Venise. Ces villes se trouvent dans un environnement relativement homogène en termes économique, juridique et social : l'Italie du Nord est un espace très largement parcouru par les circulations de livres, les représentants d'entreprises typographiques, les typographes eux-mêmes (Rideau-Kikuchi, 2022b). La collaboration d'acteurs de milieux différents y est particulièrement visible. Mais la forte densité de lieux d'imprimerie, même éphémères, à l'époque incunable, contribue également au dynamisme de cette industrie.

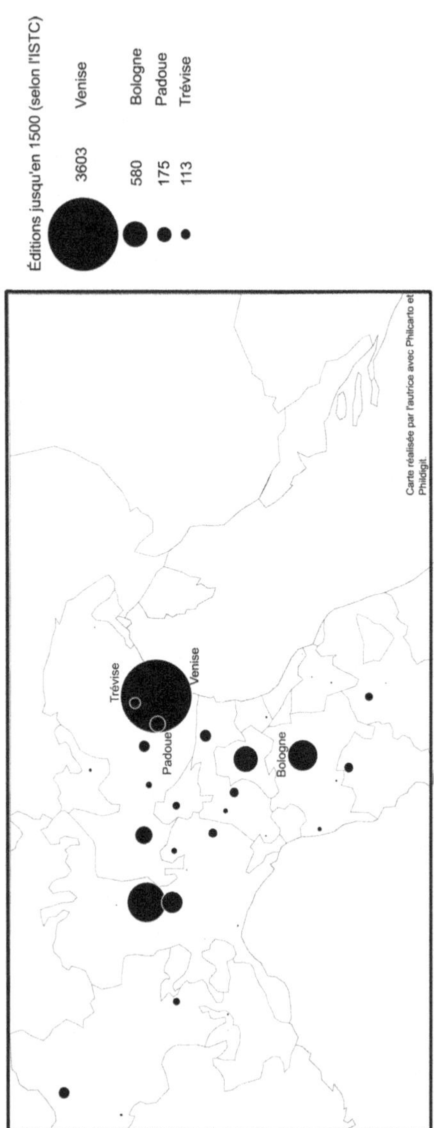

FIG. 2 – Nombre d'éditions imprimées jusqu'en 1500 en Italie du Nord.

Les milieux libraires et marchands sont bien sûr présents dès les débuts de l'imprimerie. Comme dans d'autres cités italiennes (Pistarino,

1961), on voit des libraires de la ville de Bologne investir très rapidement le champ de l'imprimerie, en particulier en la personne de Domenico Lapi (*Cf.* Bologne, 28 janvier 1474[6]) (Sighinolfi, 1908, p. 246), dont la famille était sans doute déjà impliquée dans la production et la vente de livres et qui était enlumineur, ainsi que Sigismondo de'Libri, membre d'une grande lignée de libraires de Bologne, très liés à l'imprimerie (Fava, 1941). Bologne est cependant la seule des quatre cités où les libraires sont aussi directement impliqués. Ailleurs, ce sont plutôt des négociants et marchands internationaux, notamment à Venise : on voit ainsi apparaître dans un contrat de 1473 (*Cf.* Venise, 27 novembre 1473) Johann Rauchfass, associé de l'une des grandes compagnies marchandes francfortoises, active en Europe et notamment à Venise (Braunstein, 2016, p. 738) ; il est également probable que Johann de Cologne et Johann Manthen, partenaires dans l'une des principales entreprises typographiques vénitiennes, aient déjà été impliqués dans le commerce européen de draps et de produits de luxe avant d'investir l'imprimerie (Coppens, 2014). Dans un cas comme dans l'autre, ces acteurs apportent avec eux non seulement du capital, mais aussi des réseaux commerciaux qui seront utiles à la distribution des livres.

À leurs côtés se trouvent des individus plus directement issus des milieux artisanaux, à commencer bien sûr par les typographes, même si, pour beaucoup, nous connaissons très mal leur formation et leurs origines familiales : Pierre Maufer à Padoue, ou encore Jacques Le Rouge à Venise par exemple, sont des individus qui apparaissent dans la documentation à partir de leur activité typographique, et sur lesquels les informations restent encore très fragmentaires. Au-delà, d'autres métiers interviennent dans les contrats, à différents niveaux de la chaîne productive du livre : les papetiers, participant à des contrats d'impression à Trévise (*Cf.* Trévise, 23 février 1482) ou encore contractant avec des imprimeurs des accords d'approvisionnement (*Cf.* Bologne, 20 novembre 1473, 28 avril 1503) ; des relieurs, comme à Padoue en 1476 (*Cf.* Padoue, 2 janvier 1476) ou à Bologne en 1482 (*Cf.* Bologne, 20 octobre 1482) ; ou encore, des peintres, comme Taddeo Crivelli, associé de Francesco dal Pozzo (*Cf.* Bologne, 22 avril 1474), pour la réalisation de mappemondes, puis de la *Cosmographie* de Ptolémée.

---

6 Les indications entre parenthèses renvoient aux contrats transcrits dans le présent ouvrage, référencés par ville et par date.

La frontière entre ces deux groupes est relativement poreuse et traversée par certains parcours comme celui de Benedetto Faelli, qui commence comme relieur pour devenir l'un des principaux imprimeurs de Bologne (*Cf.* Bologne, 20 octobre 1482) ; ou encore celui de Scalabrino de'Agnelli, papetier, qui devient éditeur (*Cf.* Padoue, 1er décembre 1479). Les collaborations et les associations, professionnelles ou matrimoniales, sont fréquentes dans le milieu du livre comme dans d'autres milieux artisanaux. Parmi les acteurs que l'on retrouve ici, Ugo Ruggeri est le beau-fils de Marco Bazalieri, par ailleurs père de deux typographes (Sorbelli, 2003, p. 26). Mais cette densité de relations se retrouve surtout dans les grands centres typographiques, comme Bologne ou Venise (De Tata, 2021 ; Kikuchi, 2018d ; Gatti, 2018) : on en trouve moins de traces pour Trévise et Padoue.

Les perméabilités sont moins grandes, mais existent pourtant avec l'élite économique et politique des villes, celle des cours ou du patriciat, qui s'est très tôt impliquée à des degrés divers dans les différentes entreprises typographiques au nord de l'Italie. Le milieu de la cour des Bentivoglio à Bologne et en particulier Francesco dal Pozzo en sont sans doute l'exemple le plus frappant dans les contrats présentés ici (*Cf.* Bologne, 25 novembre 1470)[7]. Des patriciens vénitiens, comme Ismerio Querini (*Cf.* Venise, 24 mai 1473), ont également contribué au financement de presses. Cette participation peut également se faire de façon moins directe. Ainsi Francesco Rolandello, chancelier de la ville de Trévise, possède les moulins à papier qui approvisionnent l'association conclue en 1482 (*Cf.* Bologne, 23 février 1482) ; Federico Corner possède également les moulins à papier, qui approvisionnent certaines presses de la ville (*Cf.* Padoue, 7 mai 1477) (Mattozzi, 2001). Dans d'autres centres, comme à Ferrare, les élites curiales et seigneuriales montrent au début un certain désintérêt pour l'imprimerie (*Cf.* Nuovo, 1998, p. 13) ; le vent semble tourner dans les années 1490, avec à Ferrare (Nuovo, 1998, p. 31) et à Milan, avec l'utilisation par les princes des ateliers locaux pour commanditer des éditions à la gloire de la dynastie. Un système de mécénat sans retour direct sur investissement, ou un système d'investissement ciblé de la part du prince, de la cour ou des élites patriciennes, n'est pas l'apanage des premières années, mais se

7 Sur le milieu de la cour et son implication dans l'imprimerie à Bologne, mais également ses liens avec le *Studium* et avec le patriciat bolognais, voir (Rossi, 2004)

poursuit encore au cours du XVIe siècle. En parallèle, certains membres des classes dirigeantes recherchent également dans l'imprimerie un investissement rentable, au même titre que le grand commerce ou la propriété foncière. Cette rentabilité était cependant très lente, en raison du temps nécessaire pour vendre les copies : à partir des livres de comptes de l'éditeur florentin Battista d'Agnolo Vernacci à Florence, William Pettas souligne que le profit pouvait être important – au moins 25 % de l'investissement de départ pour l'impression de 300 exemplaires d'un bréviaire en 1484, et sans doute plus de 50 % si tous les exemplaires sont vendus – mais s'étale sur au moins cinq ans (Pettas, 1973). Cette rentabilité est également très fluctuante selon les entreprises : le risque de tout perdre restait grand, encore bien après que l'industrie se soit stabilisée en Europe (Graheli et Pettegree, 2019).

Enfin, les contrats présentés ici témoignent particulièrement de la place centrale des acteurs de l'université – du moins dans les villes universitaires. À Venise et à Trévise, les lettrés ne semblent pas jouer de rôle prépondérant dans ces associations, alors qu'ils sont essentiels à Bologne et à Padoue. Certains gradués de l'université deviennent imprimeurs ou éditeurs, comme Annibale Malpigli (*Cf.* Bologne, 25 octobre 1470) ou encore Bartolomeo Valdezocchо (*Cf.* Padoue, 7 mai 1477). L'entreprise bolognaise de l'impression du *Repertorium* de Pietro del Monte de Brescia fait également intervenir plusieurs universitaires (*Cf.* Bologne, 22 octobre 1473). D'autres encore sont embauchés comme correcteurs, selon des modalités diverses (*Cf.* Bologne, 4 novembre 1473 ; Padoue, 1er octobre 1476). L'implication de l'humaniste Filippo Beroaldo dans les presses de Bologne est également visible ici (*Cf.* Bologne, 22 mai 1499), à travers la fourniture d'un texte corrigé et commenté qui sera ensuite utilisé par ses étudiants ; les universitaires procurent ainsi de la matière à imprimer, comme c'est le cas pour Baverio de'Baveri et pour Marcantonio de'Baveri, dont on espère sans doute qu'ils trouveront un public local (*Cf.* Bologne, 15 juin 1489, 27 mars 1504)[8]. À Bologne et à Padoue, les universitaires jouent donc un rôle essentiel pour le développement des presses locales : ils sont à la fois main-d'œuvre, fins connaisseurs du marché et prescripteurs de lectures pour les étudiants, mais également clients eux-mêmes. On retrouve quelques grands noms, comme Filippo Beroaldo, qui est clairement un collaborateur à part égale de

8 Sur les liens entre certains imprimeurs et l'université, voir (Gatti, 2018)

l'imprimeur, mais il semble difficile d'établir une concordance stricte entre le rang universitaire, si tant est qu'on puisse le déterminer avec exactitude, et la position dans l'entreprise éditoriale. Notons cependant que l'Église en tant qu'institution intervient peu dans les premiers temps de l'imprimerie au Nord de l'Italie : ce n'est pas le cas en Allemagne, ni à Rome, et cela change dans les années 1520-1530, où la volonté d'imposer une censure préventive ecclésiastique va largement modifier les équilibres de l'industrie (Infelise, 1999, p. 7-23).

Tous ces acteurs nouent des relations complexes, entre collaboration nécessaire et concurrence sur un marché qui devient très vite saturé de livres. Les documents présentés ici ne montrent pratiquement que la face irénique, la collaboration idéale et souhaitée par chacune des parties en présence. La réalité est bien entendu plus complexe, nombre de ces contrats donnant lieu à des conflits et à des procès. On ne voit pas non plus la rivalité parfois féroce entre les différents ateliers actifs sur un même créneau, dont les acteurs étaient particulièrement conscients : les imprimeurs vénitiens parlent de « malheureux métier », gangrénés par la concurrence et la malhonnêteté (Kikuchi, 2018a) – mais ce sont surtout les acteurs dominants de l'industrie qui se plaignent des mauvaises pratiques de leurs concurrents.

LES CONTRATS DANS L'IMPRIMERIE

Ce tour d'horizon était nécessaire pour situer le type de documentation présenté dans ce volume, à savoir les contrats notariés qui sont à la base de ces collaborations.

Les villes où l'imprimerie est le plus développée ne sont pas forcément celles où les contrats retrouvés sont les plus abondants. Venise par exemple a très mal conservé ses archives notariales et les contrats sont extrêmement rares sur la première période de l'imprimerie. Bologne et Padoue en revanche ont conservé les archives des notaires de façon systématique, ce qui permet d'avoir une vue plus extensive de la nature des collaborations qui existaient dans cette ville. Cependant, même dans ces villes, beaucoup de collaborations restent sans traces. La période considérée enfin porte jusqu'aux premières années du XVIe siècle pour maintenir le corpus à une taille maîtrisable, avec quelques exceptions vénitiennes : étant donné le très faible nombre de contrats qui ont été retrouvés pour cette ville, nous avons souhaité présenter les contrats retrouvés pour les années 1527-1528, sachant qu'ils sont par ailleurs inédits. Il s'agit de voir comment, dans les premières décennies de l'imprimerie italienne, l'industrie s'organise, faisant apparaître des formes de travail novatrices, des figures d'entrepreneurs, des rapports de force et de négociation encore relativement souples : prenant racines dans des formes contractuelles préexistantes issues d'autres activités, ces rapports économiques et sociaux étaient largement à inventer dans le cadre de la nouvelle industrie.

Tous ces accords concernent l'imprimerie et les imprimeurs, ainsi qu'une forme de travail rémunéré qui y est associée. Cependant, les frontières typologiques ne sont pas toujours claires entre ce qui peut relever d'un contrat d'association, du contrat d'embauche, de la commande, d'une reconnaissance de dette, d'un prêt, ou d'une procuration. Nous avons essayé d'établir un corpus relevant de l'association, de l'embauche et de la commande, mais des éléments d'autres formes de contrats peuvent occasionnellement se retrouver dans ces documents.

La mise en relation des différents acteurs se fait selon des modalités variées, mais l'établissement d'un accord, d'un contrat, est celle qui formalise le plus clairement ces interactions. Le passage par l'écrit, là où sans doute, dans beaucoup de cas, des accords oraux existaient, n'est pas anodin et insère l'imprimerie dans une longue tradition de développement contractuel dans l'Italie médiévale. Ces contrats posent les bases d'une relation, pour une activité encore très neuve et dans laquelle les acteurs sont très mobiles : un accord authentifié donne en ce sens un certain nombre de garanties, en permettant à certains d'accéder à des compétences techniques encore rares, quand d'autres accèdent aux capitaux financiers ou aux matériels dont ils ont besoin. Le cadre formel et juridique de ces documents, dont la validité est garantie et qui peuvent être présentés devant les autorités de la région, génère de la confiance entre ces partenaires qui ne peuvent exercer les uns sans les autres, sont de statut extrêmement différent et ne se connaissent souvent pas au préalable.

À la fin du XVe siècle, il existe des modèles d'accord d'association, que les acteurs peuvent reprendre à leur compte, bien souvent adaptés et réappropriés. On en trouve principalement trois formes. Les contrats de *societas* sont des accords consensuels où les associés apportent chacun une combinaison de travail et de capital, et récupèrent des bénéfices proportionnels à l'apport. Les contrats de *commenda* associent généralement un détenteur de capitaux et un marchand qui va réaliser les biens et n'est pas responsable des pertes du capital. Les contrats de *compagnia* enfin établissent une communauté de biens dans laquelle chaque associé participe à la gestion des biens, aux risques et aux bénéfices en proportion des apports (Hilaire, 1986, p. 167-185 ; Pryor, 1981). On retrouve au fil des contrats une influence plus ou moins forte de tel ou tel modèle. Certains cependant se rapprochent plus directement d'un contrat d'embauche sous les différentes formes qu'il a pu connaître, notamment chez les copistes : la *locatio operis faciendi* ou la *location operarum*, en fonction de la nature exacte du rapport juridique établi entre l'exécutant et le commanditaire. Gianfrancesco Orlandelli avait ainsi noté la transition dans les formulaires de contrats de copiste entre le XIIe siècle et le XIIIe siècle du terme *opus* vers le terme *labor* : les contrats de copistes tendent de plus en plus à louer l'individu, son travail et ses compétences, plutôt qu'à payer une œuvre matérielle réalisée ; on passe d'un contrat de *locatio operarum* à un contrat de *locatio operis* (Orlandelli, 1959 ; Cottereau-Gabillet, 2007). Nous avons également ici quelques contrats d'apprentissage, dont les clauses se rapprochent bien souvent de contrats d'embauche. La grande majorité des documents cependant ne mentionne aucun type d'association en particulier : il s'agit le plus souvent de formes hybrides et *ad hoc.*

Les documents présentés ici ont suscité un grand intérêt de la part des chercheurs s'intéressant au développement de l'imprimerie dans une ville donnée : et en effet, pris indépendamment, il s'agit de sources essentielles pour comprendre le rôle de certains acteurs, dont les noms n'apparaissent pas dans les livres imprimés, mais qui sont pourtant à l'origine de l'implantation de la typographie dans ces différents centres. Nous proposons cependant une autre approche ici, bien sûr partielle et partiale, qui consiste à mettre en série cette sélection de contrats pour comprendre le développement de l'imprimerie dans l'Italie du Nord, non plus seulement dans un centre donné, mais de façon régionale, en utilisant ces documents pour comprendre la mise en place d'un nouveau monde du travail, qui, tout en s'inscrivant dans des cadres anciens du monde artisanal et marchand médiéval, doit malgré tout inventer des modes de relations entre des espaces sociaux très divers et dans des conditions économiques et techniques nouvelles. Appréhender le monde du livre sous l'angle de l'histoire économique et sociale peut être croisé de façon féconde avec une approche matérielle du livre et une attention à l'histoire culturelle et intellectuelle de la fin du Moyen Âge.

Malgré toute leur richesse, les contrats ne sont pas une source totale : les informations qu'on y trouve laissent de côté une très grande partie de l'organisation concrète du travail. Les formulations sont souvent allusives et laissent une large marge d'interprétation – qui fait d'ailleurs parfois l'objet de contestation devant les tribunaux compétents. Beaucoup d'acteurs du monde du livre n'y apparaissent pas, en particulier les ouvriers qui ne sont présents que comme subordonnés de l'un des partenaires contractants, et dont le travail concret est très rarement explicité. Des typographes, chefs d'atelier, qui ont la compétence technique pour encadrer le travail, s'y retrouvent plus souvent. On voit également apparaître des universitaires, qui participent à l'établissement des textes et du programme éditorial, des libraires, qui se chargent de vendre les livres, également des papetiers dont le produit est essentiel au bon fonctionnement des presses. Ces contrats permettent d'approcher les frontières mouvantes des rôles de ces individus, ainsi que des modes de compensation ou de rémunération que ces activités permettent d'obtenir. La question du statut du travail (travail manuel, travail intellectuel, activité de vente, encadrement d'un atelier) se pose de façon aigue à mesure qu'on voit dans les contrats les acteurs chercher à déterminer des lignes de conduite pour leur activité collective.

QUE FAIT LE CONTRAT AU TRAVAIL ?

La sélection proposée reposant sur une typologie documentaire précise, il nous faut commencer par nous attarder sur celle-ci : la forme contractuelle n'est pas un simple réceptacle des rapports sociaux, qu'elle décrirait de façon neutre. Transcrire une partie de ces rapports sociaux sous cette forme produit également des effets sur le milieu économique et social dans lequel ils s'inscrivent, ce que la mise en série de ces contrats permet d'aborder.

La mise par écrit formalise, le passage devant notaire encore davantage. Celui-ci n'est pas obligatoire : plusieurs contrats dans notre corpus ne sont pas notariés, en particulier à Venise (*Cf.* Venise, 9 août 1528, 1er décembre 1527, 24 juin 1507, 2 juillet 1486). Il ne faut pas y voir une spécificité des imprimeurs vénitiens, mais simplement une conséquence de la perte d'une grande partie des archives notariées, ainsi que de la recension systématique dans la *Busta du Duc de Rivoli* des documents concernant les imprimeurs, libraires et graveurs entre 1450 et 1550, qui ont permis de retrouver des documents présents dans des fonds inhabituels pour ce type de documentation. De nombreux contrats ont, en tout état de cause, été perdus[9]. À Trévise, Padoue et Bologne, on trouve quelques documents qui ont été rédigés par les membres de l'association avant d'être authentifiés par un notaire, souvent rédigés en vernaculaire de la main de l'un des contractants (*Cf.* Trévise, 23 février 1482 ; Bologne, 20 octobre 1482 ; Padoue 8 février 1479, 28 septembre 1481). Les associés sont donc parfois en capacité de dresser eux-mêmes un contrat valable juridiquement, quand bien même les formulaires ne seraient pas toujours parfaitement respectés. Le fait de passer devant le notaire permet cependant de rajouter une forme d'authentification à l'acte, de favoriser sa conservation dans les archives d'une tierce personne qui s'en porte garante, ainsi que de solliciter des témoins dument enregistrés, qui pourront ensuite être mobilisés en cas de conflit. La pratique notariée au XVe siècle s'insère par ailleurs dans des cadres juridiques, issus notamment des formulaires qui se diffusent depuis le XIIIe siècle et dans les débats contemporains, notamment autour de la question du prêt et de l'usure (Tamba, 2002), ce qui peut avoir un impact sur le statut des contractants, comme nous le verrons par la suite.

La contractualisation formalise mais ne fige pas la relation. On peut observer, à travers les variations de formulation d'un contrat à l'autre,

9 À Venise, où de nombreux procès font référence à des accords préalables, comme dans le cas du contrat de la « Grande Compagnie » de 1480 entre Johann de Cologne, Johann Manthen et Nicolas Jenson connu notamment par le contrat de mariage entre Hieronyma et Gaspar de Dinslachen le 23 janvier 1511 : ASVe, Giudici del Proprio, Vadimonii, 1510-1528, f° 5 (Ludwig, 1902). Cependant, en l'absence du contrat original et complet, nous n'en avons pas tenu compte ici.

la manière dont les formulaires peuvent connaître des variantes, avec des formes parfois surprenantes, certaines témoignant par exemple d'une agressivité inhabituelle, d'autres encore se signalant par leur flou… La rédaction du contrat et la négociation entre les contractants se voit parfois dans les ajouts, les biffures et les remplacements dont certains documents témoignent et qui sont parfois les seules traces des discussions avant la formalisation de l'association et des rapports de force qui y président. Ce sont des discussions qui de toute évidence ont lieu au moment même de la rédaction, en présence du notaire et des témoins, et dont la version finale, l'instrument, ne garde aucune trace. C'est la raison pour laquelle la conservation de la matrice de l'acte, relativement développée, qui servira à l'établissement des copies mises au propre à Bologne et à Padoue est si riche d'enseignement (Menant, 2009 ; Troadec, 2015).

Le passage par l'écrit et la formalisation de la relation et des exigences réciproques a également pour conséquence une formalisation de termes et d'un sens commun utilisés dans ce nouveau cadre professionnel et sur lesquels l'ensemble des contractants se sont mis d'accord. Cela ne signifie pas pour autant que leur sens est transparent pour nous. Ainsi, le terme de *quinternion* est utilisé à plusieurs reprises, mais sans que l'on puisse toujours l'assimiler à l'unité codicologique correspondant à un cahier constitué de cinq feuilles pliées. Le terme semble cependant correspondre à une réalité communément admise, puisqu'assez tôt, un contrat indique qu'il faut entendre par *quinternus* « ce que les imprimeurs entendent généralement dans leur travail » (*Cf.* Bologne, 8 février 1475). Notons que le terme est d'ailleurs repris en 1507 dans la règlementation des prix des vendeurs de livres à Bologne (Nuovo, 2017). Le papier est sans doute le cas où les aspects formels sont les plus clairement définis, en raison d'une longue pratique depuis le XIIIe siècle et d'une formalisation des formats à Bologne en particulier : les formats *real*, *imperial*, ou *mezzana* sont bien documentés dans les études du papier à la fin du Moyen Âge et au début de l'époque moderne, et ont notamment été formalisés à Bologne dès le XIVe siècle[10]. Au-delà des termes techniques, ces contrats permettent également d'exprimer des jugements sur la qualité attendue de tel matériau, de tel outil ou de tel travail. Ce jugement est

10 Sur les formats et la qualité des papiers en Europe à la fin du Moyen Âge et au début de l'époque moderne, lire (Bellingradt, 2021).

parfois explicitement exprimé sur les typographes employés (*Cf.* Bologne, 7 décembre 1474) ; un contrat bolognais de 1475 reconnaît l'expertise spécifique de certaines personnes, qui ne sont pas nommées, mais la formulation du contrat témoigne de la reconnaissance d'un champ technique spécifique à l'imprimerie (*Cf.* Bologne, 31 janvier 1475). Plus encore, on trouve dans deux cas particulièrement intéressants le dépôt chez le notaire d'un essai authentifié (feuille de papier vierge ou feuille imprimée), qui vaut engagement sur la qualité (*Cf.* Bologne, 15 juin 1489 ; Padoue, 1er décembre 1479) (Moneti, 1942). Ces pratiques, que l'on retrouve dans d'autres corps de métier, notamment chez les peintres (O'Malley, 2005 ; Baxandall, 1985 ; Labrot, 2010), participent à la définition d'un vocabulaire et de pratiques communes, qui est rendue en partie nécessaire par la formalisation juridique du contrat et la nécessité d'établir des standards contrôlables donc, *in fine*, d'établir des formes de contrôle plus étroit sur le produit fini du travail réalisé.

LA RÉPARTITION DU TRAVAIL

Les contrats, et en particulier les contrats qui dessinent une association et non pas une embauche stricte, dessinent des rôles différents pour les parties prenantes, des apports différenciés et donc des retours sur investissements différenciés ; ces rôles restent cependant encore très fluctuants pour la période qui nous concerne[11].

Quelques contrats, proches de la forme de la *compagnia*, prévoient une stricte communauté de biens, de gains et de pertes, sans que le rôle de chacun soit clairement déterminé (par exemple *Cf.* Bologne, 11 juin 1498). Cependant, les contrats font le plus souvent état d'une répartition des tâches, liée à la différence de moyens financiers et de compétences techniques des contractants. Le contrat d'association type, tel que les documents présentés ici semble l'indiquer, est une association entre un imprimeur qui gère le travail de l'atelier, fournit le matériel et avance les frais de fonctionnement, en particulier les salaires, et un investisseur

11 Nous nous appuyons sur certaines des conclusions présentées dans (Rideau-Kikuchi, 2022a).

qui avance le papier nécessaire. Ces charges sont à peu près équivalentes, ce qui justifie que certains contrats offrent à ce titre une répartition à parts égales des gains ou des exemplaires (*Cf.* Bologne 22 mai 1499). Cependant, cette situation tend à minimiser le coût du travail, puisqu'à apport financier équivalent, la direction de l'atelier reste du ressort de l'imprimeur. La part de risque pris par l'imprimeur varie aussi assez significativement : pour le dédommagement de l'imprimeur : les contrats proposent souvent une répartition entre un retour fixe en numéraire (qui suffit rarement à rentrer dans ses frais) et une part des exemplaires, à charge pour lui de les vendre par la suite pour se faire une marge de profit. Quelques contrats, comme celui entre Francesco Platone et dame Alaxia (*Cf.* Bologne, 15 juin 1489) ou l'embauche d'Annibale Malpigli en 1476 (*Cf.* Bologne, [1476]), déchargent l'imprimeur de tout risque en le rémunérant uniquement par une somme fixe : ces contrats se rapprochent donc très fortement des contrats de *locatio*, de commande, ou des prix-faits (Anheim, 2011 ; Bernardi, 2014 ; Victor, 2019).

La part de risque prise ou non pour l'imprimeur nous semble un point crucial pour comprendre le statut de celui-ci. Il s'agit d'un point très largement débattu depuis le XIIIe siècle en Italie. Sans rentrer dans les détails, il suffit de mentionner que la prise de risque est une justification du profit dans le développement de l'économie marchande et une façon déjouer les accusations de prêt à intérêt et contribue au développement des formes d'assurance (Piron, 2004). L'affirmation de cette conception théorique et sa traduction dans la pratique notariée induit des différences assez strictes entre celui qui ne fournit que son travail et celui qui met à disposition son argent. Or, même quand l'imprimeur reçoit une part des volumes imprimés, donc partage en partie le risque de ses partenaires, sa part fixe est souvent qualifiée de *salarium* ou de *pretium* qui doit rémunérer le *labor* ou *mercede* réalisé, ce qui renvoie directement à l'univers salarial italien (Pinto et Franceschi, 2014). Sa prise de risque est minimisée. Pour les imprimeurs ne disposant pas des fonds nécessaires, cette incapacité se marque par une forme d'inégalité entre les partenaires, entre le fournisseur principal de capitaux qui assume les risques et profite du retour sur investissement, et l'imprimeur, qui en réalité assume une partie des risques mais celle-ci est souvent minorée : il se trouve dans une position proche de celle d'exécutant. On retrouve par là une évolution du monde du livre à partir de la fin du XVe siècle, dans lequel de grandes dynasties stables se mettent en place, commandant des éditions à un grand nombre d'ateliers de plus petit calibre (Kikuchi, 2018b).

On voit que dans ce schéma, la distinction que l'on retrouve dans de nombreux secteurs artisanaux entre travailleur indépendant et salarié est particulièrement floue, comme cela a pu être déjà souligné dans d'autres secteurs d'activité (Scherman, 2013, chapitre III). Un typographe peut être théoriquement un travailleur indépendant et maître de son propre atelier, possesseur de son matériel et capable même de payer des salariés, mais pour autant avoir besoin de l'apport financier d'un autre pour pouvoir travailler, en particulier être approvisionné en matière première. Cela n'empêche donc pas certains de ces imprimeurs d'employer des salariés dans leur atelier, voire de gérer une autre boutique : c'est par exemple le cas d'Antoine de Stata de Crémone, imprimeur partie prenante d'une compagnie typographique à Padoue (*Cf.* Padoue, 8 février 1479), qui conclut un contrat avec Cristofano de Pavie afin que celui-ci tienne une boutique de livres (*Cf.* Padoue, 15 mars 1482).

Si l'on s'éloigne des relations entre investisseurs et maîtres d'atelier, la répartition du travail et de sa rémunération se fait plus complexe encore. Le travail intellectuel réalisé par les universitaires mentionnés dans ces contrats, parfois embauchés pour une tâche donnée, parfois pour un travail récurrent, est rémunéré selon des modalités variables. Matteo Moretti, embauché comme correcteur par la société entre Johann Wurster et Domenico Lapi, doit recevoir en échange vingt volumes du texte qu'il corrige ou une somme équivalente ; aucun fixe donc, mais le contrat lui laisse la possibilité de rentrer dans la compagnie, ce qu'il fait quelques mois plus tard (*Cf.* Bologne, 28 janvier 1474, 22 avril 1474). À la même époque, un autre contrat propose 120 ducats pour le travail de correction du *Repertorium* : les conditions du travail sont détaillées et doivent permettre l'impression à flux tendu ; cependant le salaire semble démesuré, si l'on compare par exemple au salaire annuel de 30 ducats proposé à Giacomo Bordegazzi par Pierre Maufer (*Cf.* Padoue, 1er octobre 1476) – bien que celui-ci soit également chargé de la vente d'une part des volumes par la suite (*Cf.* Padoue, 13 janvier 1478). À Bologne dès 1470 et dans des situations un peu différentes, il est mentionné que Francesco dal Pozzo s'engage à corriger ces livres et à les « enseigner publiquement » (*Cf.* Bologne, 25 octobre 1470) comme d'ailleurs plus tard Filippo Beroaldo (*Cf.* Bologne, 22 mai 1499). La somme versée aux correcteurs rémunère-t-elle aussi la forme de publicité que celui-ci, souvent universitaire local, pourra réaliser au profit des éditions ainsi réalisées ? Peut-être le correcteur pourra-t-il également apporter son propre réseau pour faciliter l'approvisionnement des éditions auprès des enseignants et étudiants de l'université. Cette somme peut donc faire intervenir l'autorité, la réputation et plus largement le capital social du correcteur, ce qui en fait un travailleur d'un genre assez spécifique.

HIÉRARCHIE ET AUTORITÉ

Si ces contrats sont relativement allusifs sur toute une série d'aspects concrets, ils sont cependant relativement diserts sur les formes de hiérarchie, d'autorité et plus largement de contrôle des différents aspects de la production des livres. Le contrat joue en effet un rôle central pour formaliser ce type de relation dans l'optique de produire des garanties en cas de conflit. Le cas de Pierre Maufer à Padoue en est emblématique. Dans le contrat du 7 mai 1477, il s'engage à imprimer et à persévérer dans sa tâche ; en 1478, il est explicitement en charge des autres ouvriers jusqu'à l'achèvement du travail (*Cf.* Padoue, 7 mai 1477, 23 mai 1478). Cela n'équivaut pour autant pas à un blanc-seing : le contrôle sur Maufer par son associé, Bartolomeo Valdezoccho, s'exerce en particulier en ce que Maufer n'a pas la garde des cahiers imprimés au fur et à mesure.

Même sans que cette précision soit aussi explicite, on repère assez facilement dans les contrats la ou les personnes qui ont la responsabilité du travail effectué, du rythme et de la qualité : ainsi à Venise, Silvestro de'Torti est responsable du travail de deux presses, Giorgio Arrivabene de deux autres presses, et s'engagent à travailler avec davantage de presses si on leur en donne le temps et les moyens, sous-entendant qu'ils se chargeront de l'organisation des équipes d'ouvriers (*Cf.* Venise, 24 juin 1507). La mention « imprimer ou faire imprimer » se retrouve fréquemment pour qualifier la responsabilité des maîtres d'atelier, qui peuvent donc déléguer, parfois même à d'autres ateliers : c'est ce qui s'est peut-être produit pour l'édition de la *Repetitio capituli « Cum contingat » de jure jurando* de Giovanni de Imola, confié à Annibale Malpigli, qui est signée par un certain Zampol Zaffone[12] (*Cf.* Bologne, [1476]).

Le contrat fixe aussi les modes de relations entre les associés. La direction de l'entreprise est parfois explicitement collégiale : c'est le fonctionnement normal d'une *compagnia* comme d'une *societas*, et les contrats mentionnent parfois explicitement la nécessité de décisions prises à la majorité des associés (*Cf.* Venise, 24 juin 1507) : parmi les décisions centrales se trouve bien sûr l'établissement du programme éditorial, mais le nombre de presses et le volume des tirages font également partie des décisions à prendre. Cependant, certains contrats sont tout à fait explicites sur l'associé qui a la haute main sur les décisions prises : Maufer est ainsi bien désigné comme exécutant et agent de Valdezoccho (*Cf.* Padoue, 23 mai 1478). Un peu plus tard, le même Valdezoccho et Gabriele de Ferrare sont missionnés par leurs autres associés pour régler la vie quotidienne et les dépenses de l'atelier, embaucher et vendre les livres produits comme ils l'entendent ; ils ont un véritable pouvoir de police sur le reste de la compagnie et ses employés, pouvant sanctionner et mettre à l'amende ceux qui contreviendraient aux règles qu'ils ont édictées (*Cf.* Padoue, 8 février 1479).

L'établissement des contrats permet parfois d'observer les négociations entre les participants, et d'avoir une idée des rapports de force qui pouvaient exister entre eux. C'est par exemple le cas pour le contrat entre Francesco dal Pozzo et le peintre Taddeo Crivelli (*Cf.* Bologne, 22 avril 1474) : le peintre de la cour de Ferrare, dont le protecteur Borso d'Este est mort en 1471, ne semble pas en position de force dans ces négociations. Le document présent dans les archives du notaire montre l'allongement progressif de sa période d'essai. La succession des contrats dans le temps permet également d'observer les évolutions dans les relations entre partenaires. À Padoue, Pierre Maufer semble avoir donné satisfaction à son collaborateur, puisqu'ils établissent ensemble deux contrats selon des formes quasi identiques (*Cf.* Padoue, 7 mai 1477, 23 mai 1478). Pierre Maufer semble en particulier avoir réussi à résoudre un problème de main-d'œuvre particulièrement aigu : des ouvriers en grève et sur le départ

12 Johannes de Imola, *Repetitio capituli « Cum contingat » de iure iurando*, Bologne, Zampol Zaffone [peut-être employé de Annibale Malpigli], pour Sigismondo de'Libri, Bologne, 1476, n° ISTC ij00348000.

ont été remplacés par une main-d'œuvre spécialisée en provenance de Venise (Rigoni 1933, p. 278-79 ; Contò, 1990). En revanche, la méfiance envers Andrea Portilia semble grandir chez ses partenaires bolognais : après un premier contrat en 1473, celui de 1475 (*Cf.* Bologne, 22 octobre 1473, 31 janvier 1475) se fait beaucoup plus précis sur les conditions du travail, avant qu'il ne soit finalement remplacé temporairement par un autre imprimeur le 8 février 1475 ; Andrea Portilia se fait finalement remplacer avec son accord (*Cf.* Bologne, 17 avril 1475).

Il ne faudrait cependant pas avoir une vision trop manichéenne de ce contrôle du travail des imprimeurs : ceux-ci sont aussi capables de maintenir un double contrôle sur leur production, à l'instar de Johann Wurster, qui mentionne que les livres imprimés resteront chez lui « comme s'ils étaient à lui – et d'ailleurs ils le sont » (*Cf.* Bologne, 9 février 1474). À Venise, Jacques Le Rouge et Johann Rauchfass conservent tous les deux le contrôle sur les stocks, qui sont conservés sous « deux clefs » (*Cf.* Venise, 27 novembre 1473). Le contrôle et les hiérarchies sont cependant d'autant plus explicites que les contrats se rapprochent de contrats d'embauche, et plus encore, de contrats d'apprentissage. Il s'agit par exemple du contrat d'apprentissage de Jacobo de Postoima à Trévise (*Cf.* Trévise, 29 janvier 1482), qui doit se consacrer à tout ce que Michele Manzolo lui demande du moment que les ordres de celui-ci sont licites, et de rester avec lui pendant deux ans, en contrepartie d'un salaire de douze ducats et de son entretien. On trouve également à Padoue (*Cf.* Padoue, 2 janvier 1476) le contrat liant Antonio de Bergame et Antoine d'Avignon. Le premier doit résider chez Antoine d'Avignon, le suivre, faire tout ce que ce dernier lui demande (y compris la cuisine) pendant trois ans, en contrepartie de son entretien, de l'apprentissage du métier de relieur ainsi que de douze ducats étalés sur les trois ans : des conditions donc moins favorables, ce qui est peut-être dû au fait que l'apprentissage du métier est explicitement mentionné, laissant supposer un garçon plus jeune et moins expérimenté. Les clauses comminatoires sont particulièrement fortes, comme d'ailleurs dans le cas de l'embauche d'un libraire par Antonio de Strada (*Cf.* Padoue, 15 mars 1482).

Les contrats que nous avons ici présentés offrent donc une vision particulièrement complexe et mouvante du partage de l'autorité, dans les relations de travail qui sont sans doute le reflet des marges de négociation des acteurs, qu'ils soient apprentis sans aucune possibilité de négocier leurs conditions de travail, imprimeurs possesseurs de leur matériel et gérant un atelier, techniciens de plus en plus facilement remplaçables, peintres détenteurs d'un savoir technique mais localement en position de faiblesse, ou encore universitaires proches de la cour locale.

CONDITIONS ET TEMPS DE TRAVAIL

On commence déjà à le voir, derrière la question de la hiérarchie et du contrôle se trouve la question des conditions de travail, rarement décrites explicitement, si ce n'est sur un point récurrent : le temps de travail et les cadences. Corine Maitte et Didier Terrier rappelaient que « l'imprimerie semble être un domaine où a été précocement défini ce qu'un ouvrier doit faire en une journée de travail », mentionnant le nombre de feuilles qu'un ouvrier doit imprimer à la fin du XVIe siècle en France (Maitte et Terrier, 2014, p. 313 ; Chauvet, 1959). Les contrats de ce volume montrent qu'avant l'établissement de ces quotas, la question du temps et du rythme de travail étaient déjà une préoccupation majeure des acteurs du livre.

Les contrats, et en particulier ceux qui se rapprochent le plus d'un contrat d'embauche, mentionnent ainsi régulièrement le fait que certains contractants doivent travailler tous les jours ouvrables : ainsi Andrea de Ratisbonne, employé par Jean Le Bon, doit travailler « tous les jours qui ne soient pas fériés jusqu'à l'achèvement » de son travail (*Cf.* Padoue, 2 février 1475). On rappelle qu'on compte sans doute au moins 270 jours ouvrables en une année au XVe siècle (Maitte et Terrier, 2014, p. 225). D'autres bénéficient de conditions plus lâches, correspondant sans doute à leur statut social, à l'image de Giacomo Bordegazzi chargé d'un travail de correction, qui doit travailler « tous les jours où il lui sera possible de travailler » (*Cf.* Padoue, 1er octobre 1476). Seul le deuxième contrat d'Andrea Portilia (*Cf.* Bologne, 31 janvier 1475) mentionne une productivité minimale : deux cahiers chaque mois par presse.

Le fait de travailler continûment, sans délai, est bien souvent mis en relation avec la nécessité de maintenir la chaîne de production : les imprimeurs ont besoin d'un texte correct à imprimer afin de ne pas être au chômage technique ou bien d'avoir des épreuves corrigées en continu, au fur et à mesure que les feuilles sont imprimées. Pour les maîtres d'atelier, c'est le nombre de presses qui semble être le facteur limitant principal, du moment que leur partenaire leur fournit bien le papier au fur et à mesure. Le cas de Jacques Le Rouge et d'Ismerio Querini, qui manque de fournir le papier à l'imprimeur français, montre bien les difficultés dans lesquelles peut alors plonger le typographe (Gasparini Leporace, 1967)[13]. Les papetiers impliqués dans ces accords sont d'ailleurs bien tenus de fournir le matériau en quantité suffisante, de façon continue (*Cf.* Bologne, 20 novembre 1473), à une date fixe (*Cf.* Padoue, 1er décembre 1479), ou chaque mois (*Cf.* Bologne, 28 avril 1503). La variabilité des statuts de ces acteurs induit en parallèle une grande variété dans le rapport de leur rémunération au temps : il peut s'agit d'un paiement mensuel ou annuel dans certains cas de salariés. Pour les imprimeurs, la rémunération fixe que certains obtiennent se fait à l'achèvement de la tâche demandée, ce qui ne signifie pas pour autant une libération des contraintes temporelles : des délais sont parfois fixés à l'imprimeur, qui doit achever l'impression au bout d'un temps fixé par contrat, même si cela n'est pas systématique.

« Au fur et à mesure », « de jour en jour », « rapidement » : que ce soit l'approvisionnement en papier, la fourniture du texte à imprimer, le travail de production, la correction des épreuves, mais aussi le versement d'avances sur salaire, la livraison des feuilles imprimées, la vente des livres dès qu'ils sont terminés ou encore la remise des comptes… l'idée d'une industrie à flux tendu où le temps est précieux apparaît clairement dans ces documents. L'implication de très nombreux acteurs aux différentes étapes de la chaîne nécessite une très bonne coordination, sous peine d'enrayer la dynamique et de retarder le moment crucial de mise en vente des volumes, par laquelle l'entreprise pourra enfin bénéficier de rentrées d'argent.

13 ASVe, Giudici di Petizion, Sentenze a Gustizia, b. 159, f° 44.

L'INTÉGRATION DE LA FILIÈRE DU LIVRE

On voit apparaître au fur et à mesure de ces documents pratiquement tous les acteurs impliqués dans les différentes étapes de la production d'un livre imprimé : fournisseur de chiffon, papetier, typographe, correcteur, relieur, enlumineur, vendeur et libraire, éditeur. L'articulation entre ces différents acteurs et leurs activités connaît de grandes variations selon les cas, qu'on peut essayer de restituer en partie ici, en lien également avec ce que l'on sait des évolutions du monde du livre italien sur cette période et au-delà.

Le développement de l'imprimerie passe parfois par l'intégration dans l'entreprise de compétences préexistantes. Ainsi Lazzaro della Pena, qui s'associe avec Pietro Ciza, relieur (*Cf.* Bologne, 3 janvier 1474) : Lazzaro paie le loyer de la boutique et fournit le matériel, le profit est réparti entre les deux partenaires. Le libraire et éditeur Lazzaro della Pena s'assure ainsi de ces compétences utiles pour les acheteurs de livres. Dans le cas du contrat d'apprentissage d'Antonio de Bergame, il est également explicitement dit qu'il doit s'employer à enluminer et relier les livres du libraire Antonio d'Avignon (*Cf.* Padoue, 2 janvier 1476). Cette intégration des différentes activités nécessaires pour parachever le livre dans son intégralité s'observe ailleurs, notamment chez les grands libraires et éditeurs qui rassemblent autour d'eux de multiples compétences artisanales (Bonicoli, 2015 ; Pistarino, 1961 ; Gialdini, 2021). Au-delà de commandes ponctuelles, on voit qu'il peut s'agir d'une véritable intégration salariale, à l'image de celle que l'on peut aussi observer à propos des vendeurs de livres pour le compte de certains libraires et éditeurs : si en 1478, Giacomo Bordegazzi ne reçoit qu'une délégation ponctuelle de vente de livres (*Cf.* Padoue, 13 janvier 1478), le contrat qui fait de Cristofano le libraire d'Antonio de Strada passe par un salaire fixe, sans participation aux bénéfices (*Cf.* Padoue, 15 mars 1482). Parfois, ces artisans opèrent une véritable conversion professionnelle : c'est peut-être le cas d'Antonio de Bergame (Sartori, 1960, p. 136) ; c'est évidemment le cas pour Benedetto di Ettore Faelli, qui commence comme relieur de livre mais poursuit comme imprimeur et libraire (Sorbelli, 2003, p. 56).

Cette tendance à l'intégration verticale des différentes étapes de la production du livre est sans doute particulièrement visible dans le cas du papier. Le premier contrat dont nous disposons (*Cf.* Bologne, 20 novembre 1473) relève davantage de la commande, mais avec une clause d'exclusivité : les papetiers doivent fournir en continue et de façon exclusive les imprimeurs du *Repertorium* pendant tout le temps que durera cette impression ; ils ne peuvent vendre cette qualité de papier autrement qu'au détail dans leur boutique ; réciproquement, les imprimeurs ne peuvent pas se fournir ailleurs, sauf en cas de défaut de livraison. De la même manière, à Padoue en 1479, le papetier s'engage à fournir une certaine quantité de papier à Pierre Maufer et à son associé (*Cf.* Padoue, 1er décembre 1479). On sort du système de la commande à Trévise dès 1482 : le papetier Lodovico fait partie intégrante de la compagnie typographique (*Cf.* Trévise, 23 février 1482). Une autre solution, moins favorable pour les papetiers, est mise en place à Bologne en 1503 (*Cf.* Bologne, 28 avril 1503) : Benedetto Faelli prend ici le contrôle de toute la chaîne de production, en fournissant aux papetiers les chiffons dont ils ont besoin, en échange du papier correspondant. Jusqu'à la fin de la livraison de papier, le papetier est débiteur de l'imprimeur. Ce système est semblable à celui déjà mis en place depuis le XIIIe siècle par d'autres industries et qui permettait la mise sous tutelle de producteurs à qui l'on fournissait la matière première sous la forme de prêt, dont le cas le plus connu est sans doute celui de Jehan Boinebroke, marchand de Douai mort en 1286 et mis en lumière par Georges Espinas (Espinas, 1904).

Les travaux menés pour le XVIe siècle, et particulièrement pour les grandes entreprises polycentriques d'Italie du Nord montrent que certaines ont pu réussir cette intégration verticale complète, du papier à la vente de livre, tirant notamment partie de leurs ancrages géographiques dans des régions productrices de papier. Parmi les cas les plus connus, on peut citer les Danza, imprimeurs entre Toscolano et Venise au début du XVIe siècle et qualifiés dans quelques sources de « *a cartis* » ou « vendeur de livres et de papier », possesseurs de plusieurs moulins (Sandal, 1998, p. 176 ; Mattozzi, 1995, p. 28) ; ou encore les Paganini, grands imprimeurs vénitiens, originaires du lac de Garde, où ils ont un atelier typographique pendant quelques années, et propriétaires d'une papeterie dans la région (Nuovo, 1995 ; Nuovo, 1990, p. 10). Des recherches plus systématiques permettraient sans doute de montrer que ces formes d'intégration deviennent de plus en plus fréquentes, à mesure que de grandes entreprises s'affirment à une échelle régionale. À la lumière de ces contrats, on observe cependant que plusieurs formules ont pu être testées dans les premiers temps de l'imprimerie, mais que la part d'autonomie des papetiers tend à diminuer face à des imprimeurs qui deviennent les clients principaux voire exclusifs de certains moulins.

ET LE FRUIT DE CE TRAVAIL ? Retour sur les livres et leur contenu

Il est temps de conclure en revenant au produit de ce travail : les livres, fabriqués sur le papier des moulins, qui sortent des presses, reliés et enluminés parfois, vendus ensuite à plus ou moins grande échelle. Les négociations, les marges de manœuvre et d'autonomie, les statuts économiques et juridiques des différentes parties prenantes permettent d'éclairer cette production, que ce soit dans sa forme et sa matérialité, ou dans son contenu textuel et intellectuel. Nous ne traçons ici que quelques pistes qui demanderont à être creusées par la suite et appuyées sur des études plus précises que ce que nous avons pu faire ici.

Ces contrats mettent en lumière le rôle essentiel des milieux universitaires, mais également leur statut ambigu. Main-d'œuvre pour les imprimeurs ou ressources sociale et symbolique, leur rémunération les met à part du travail manuel ; pour autant, ils exercent bien un travail intellectuel, qui répond aux cadences de l'imprimerie, et leur expertise devait être essentielle dans l'établissement des programmes éditoriaux, ainsi que le suggère par exemple le cas de Nicoletto Vernia à Padoue (*Cf.* Padoue, 28 septembre 1474, 2 février 1475). La nature des textes produits à Bologne, et en particulier la masse de textes juridiques, leçons ou *repetitiones* (*Cf.* Bologne, [1476]), répond ici également à une véritable demande locale, mais aussi à une disponibilité de textes, qui suscite des commandes, et de personnes compétentes pour les éditer. La forme même de ces textes, dans certains rares cas, très précisément explicitée et contrôlée, répond aux standards des livres universitaires, inspiré des manuscrits mais que l'imprimerie s'approprie progressivement. La collaboration de ces individus, qui sont loin d'être systématiquement cités dans les ouvrages imprimés, doit permettre de relire certaines des évolutions de l'imprimerie et des mouvements intellectuels qu'elle accompagne (Grafton, 2011). Leur présence de plus en plus massive et leurs statuts qui se différencient de manière forte, entre le correcteur d'imprimerie et l'humaniste corrigeant ses propres épreuves, crée une forme de marché très diversifié de lettrés à disposition des imprimeurs, qui doit aussi être prise en considération pour comprendre la manière dont les éditions sont produites (Kikuchi, 2018c ; Vanautgaerden, 2017). Sont-ils toujours indispensables ? Les imprimeurs, libraires et éditeurs acquièrent aussi une connaissance fine du marché qu'ils visent, parfois héritée du manuscrit, et qui leur permet de définir de façon précise la forme du livre à produire ainsi que de projeter un programme éditorial sur plusieurs années (*Cf.* Venise, 24 juin 1507).

Ces contrats témoignent aussi d'une forme de normalisation : les rapports économiques restent encore très fluctuants, mais certains modèles se dégagent. La normalisation des termes techniques, l'élaboration de références communes à ce monde professionnel a nécessairement un impact sur la forme des livres, qui à la fois se transforme et se standardise au cours de ces années, selon un processus de très long terme. La contractualisation participe de ce mouvement, même si elle n'en est bien sûr pas le seul ressort. Dans ce processus, de multiples acteurs peuvent avoir voix au chapitre, et ce n'est peut-être pas le moindre mérite de ces contrats que de rappeler combien les processus éditoriaux répondent à des logiques parfois concurrentes – de rentabilité, d'enjeux intellectuels, politiques, littéraires… – à travers la participation et les rapports de force d'une multiplicité d'acteurs (Ouvry-Vial et Réach-Ngô, 2010 ; Réach-Ngô, 2014).

Derrière le développement de l'imprimerie, la diffusion des textes et les débats intellectuels, les contrats donnent à voir le développement d'un monde du travail qui repose sur une forte intensification capitalistique et l'établissement de procédures de contrôle du travail. À travers la mise en place de rôles de mieux en mieux définis, d'un vocabulaire *ad hoc*, ils montrent également des formes de rapports de domination économique et sociale qui s'établissent. Certains acteurs conservent néanmoins des marges de manœuvre importantes, en raison de leurs compétences, de leurs réseaux et de leur mobilité, ou simplement en raison de la flexibilité du système encore en cours de constitution. En l'absence de salariat au sens classique, plusieurs individus semblent conserver un statut hybride. Il n'en est sans doute pas de même pour les ouvriers, quasi invisibles dans ces contrats, mais dont on sait par ailleurs qu'ils ont aussi pu protester voire se révolter contre de mauvaises conditions de travail, jouant sur la concurrence entre ateliers (Davis, 1966 ; Lowry, 1989, p. 104). Ces contrats nous laissent apercevoir la dynamique des relations de travail à l'échelon tout juste supérieur, à un moment où l'organisation du travail et du capital dans l'imprimerie est encore à inventer.

NOTE SUR LA TRADUCTION ET LA MISE EN PAGE

Les textes présentés par la suite sont des traductions de documents présents dans les archives de quatre villes italiennes (Trévise, Padoue, Bologne et Venise). La cote d'archive ainsi que la référence de leur édition latine – quand il y a lieu – sont systématiquement indiquées. Quelques-uns de ces contrats sont inédits, mais beaucoup de ces documents sont bien connus et ont été édités par ailleurs ; les lacunes de certaines éditions ont été complétées quand cela était possible. Dans le cas où le contrat apparaît sous plusieurs formes, une seule a été choisie pour l'établissement de la traduction, pour des raisons qui sont expliquées au cas par cas.

Dans tous les cas, il m'a semblé important de restituer autant que faire se peut la scripturalité du document. Pour cela, un retour aux archives était systématique et a permis de préciser la transcription puis la traduction et sa mise en forme. Les changements de scripteurs ou de langue utilisée permettent également de donner des indications sur l'usage de l'écrit des contractants, eux-mêmes au cœur de l'économie de l'écrit. Les traductions de ce volume proposent donc non seulement le texte du contrat tel qu'il se trouve dans les archives mais tentent également de donner accès à une partie de la matérialité de ces contrats, dans la mesure où celle-ci apporte des éléments sur le contexte économique, social et culturel dans lequel ces accords ont été passés.

Il m'a paru essentiel de conserver entre parenthèses certains termes originaux, surtout quand il s'agit de vocabulaire au sens mouvant ou spécifique à une activité : il s'agit en particulier des termes concernant la nature du contrat établi, la nature du dédommagement financier, ainsi que les termes pratiques concernant le livre et l'imprimerie. Les usages terminologiques sont essentiels pour aborder l'histoire du salariat, des distinctions professionnelles ou des évolutions techniques : les termes choisis, par une sélection sans doute partiale et partielle, peuvent donner lieu à des commentaires en ce sens.

- ~~Passages barrés~~ : passages biffés dans le document
- [Passages entre crochet] : notes marginales et rajouts
- *Les changements de langue par rapport à la langue principale du document sont explicités par l'utilisation d'italiques et une note.*
- (*entre parenthèses et en italiques*) : termes importants restitués dans leur langue originale

Enfin, il s'agissait à travers ce travail de mettre ces documents à disposition de lectrices et lecteurs – notamment des étudiants et étudiantes, enseignants et enseignantes – qui s'intéresseraient à l'histoire de l'imprimerie et/ou à l'histoire du travail et de l'entreprise à la fin du Moyen Âge. C'est la raison pour laquelle le choix de la traduction en français me paraissait nécessaire, tandis que les chercheurs et chercheuses pourront se référer dans beaucoup de cas aux éditions et transcriptions antérieures. S'agissant des contrats inédits, une édition future aura peut-être lieu – mais je tiens mes transcriptions à disposition des personnes qui souhaiteraient y accéder. Pour cette même raison d'accessibilité et de public, j'ai souvent privilégié la lisibilité de la traduction, en simplifiant les redondances et certaines formulations, quitte à m'éloigner d'une traduction strictement littérale.

Les chapeaux introductifs à chaque contrat visent à présenter de façon synthétique le contexte et les acteurs mentionnés dans le document. Plusieurs contrats font intervenir des personnes similaires, et il sera souvent fait mention d'autres contrats pour les éclairer les uns les autres, certains se faisant suite ou faisant usage du même type de disposition. Un index des noms propres est proposé en fin de volume ainsi qu'un système de renvoi entre les contrats de ce volume.

BOLOGNE

Bologne est un centre typographique incunable important, avec environ 580 éditions connues. Son développement débute dès les années 1470, tirant partie du dynamisme de l'université, qui constitue un débouché évident pour les presses de la ville. Celle-ci a bénéficié de la présence d'un réseau libraire important, d'un grand dynamisme de la production manuscrite (Orlandelli, 1959) ainsi que de l'intérêt de la cour des Bentivoglio. À mesure que l'imprimerie se développe dans la ville, la dépendance des presses envers un petit nombre d'acteurs influents diminue et des entreprises importantes, de dimension familiale voire dynastique, se mettent en place et maintiennent une production dynamique au cours du XVIe siècle (De Tata, 2021 ; Serra Zanetti, 1959)[1].

Les archives notariales bolognaises ont été particulièrement bien conservées, ce qui explique la présence massive de contrats de cette ville dans ce corpus. La tradition notariale de la ville et l'habitude que les acteurs économiques devaient avoir du passage devant le notaire jouent sans doute sur le nombre de contrats conservés, mais sont néanmoins accentuées par un biais de conservation très favorable, par rapport à d'autres contextes. La quasi-totalité des contrats conservés et traduits ici ont été retrouvés dans les matrices (*matrici*) des notaires, et sont édités depuis le début du XXe siècle. Chaque document est recopié sur des feuilles volantes, formant des cahiers rapidement cousus quand un acte est particulièrement long ou comporte des ajouts ; cependant, ces liasses ne sont pas reliées entre elles et sont rassemblées dans un carton. Certaines formules juridiques sont abrégées par le scripteur mais le cœur du contrat est rédigé intégralement, pouvant servir pour des copies originales futures (*instrumentum*) demandés par les contractants (Corsellini, 1990)[2].

1 Sur une période ultérieure, voir (Tavoni, 1989).

2 Sur la production scripturaire des notaires, on peut également renvoyer aux travaux à la fois érudits et pédagogiques de François Menant (2009).

BOLOGNE, 25 OCTOBRE 1470

Source : Archivio di Stato di Bologna, Notai del distretto, b. 1086.
Édition : Sorbelli, Tavoni, Rossi et Temeroli, 2004, doc. XV.

Ce contrat est la première association typographique connue de la ville de Bologne. Elle rassemble des acteurs des pôles majeurs de la ville qui ont beaucoup contribué à l'installation des presses. Francesco dal Pozzo, dit *il Puteolano*, est un membre de la cour de Giovanni II Bentivoglio, mais aussi un humaniste et un auteur de commentaires de textes antiques. Sa position de client des Bentivoglio lui permet une certaine autonomie dans ses choix éditoriaux, mais on peut également laisser penser à un mécénat indirect de la part des élites de Bologne (Avellini, 1994). Originaire de la région de Parme, il bénéficie aussi de la protection des Sforza et est impliqué dans le développement de l'imprimerie dans cette ville. Il reste partie prenante d'associations bolognaises pendant plusieurs années et constitue en 1473 une autre *societas*, cette fois pour ouvrir à Bologne un collège et une école (Sighinolfi, 1913). Baldassarre Azzoguidi est quant à lui un membre de la noblesse urbaine, fils de notaire, il dispose d'une solide assise économique, ce qui lui permet d'investir dans l'imprimerie jusqu'au début des années 1480 (Quaquarelli, 1994). Enfin, Annibale Malpigli est professeur au *Studium* de Bologne et va également se consacrer pendant de nombreuses années à l'imprimerie : il apporte une contribution financière, ainsi que des compétences techniques qu'il a acquises à Rome, d'où viennent sans doute les premiers caractères utilisés (Rossi, 2004 ; Sighinolfi, 1912 ; Balsamo, 1983). C'est probablement lui qui dirige l'atelier et les ouvriers, peut-être en collaboration avec Baldassarre Azzoguidi. La première édition imprimée par cette association consiste sans doute dans les *Fastes* d'Ovide[3]. Cette implication précoce des membres du *Studium* dans l'imprimerie en fait une particularité de la ville (Bacchi, 1988).

Ce contrat, rédigé en latin et présent dans les matrices du notaire Giovanni Antonio Castagnoli, fait la part belle au travail intellectuel de Francesco dal Pozzo tout en prêtant attention aux responsabilités économiques des uns et des autres, avec des ajouts significatifs qui visent à préciser la part de risque assumée par chacun. La société fonctionne sur une répartition des tâches entre l'établissement du texte, l'organisation de la production, la vente, et l'utilisation de ces textes dans l'enseignement.

---

3 Ovide, *Fasti*, Bologne, Baldassarre Azzoguidi, vers 1471-1472, n° ISTC io00168500. Voir (Montanari, 1970)

MCCCCLXX, 3e indiction, ~~xxvi~~ xxve jour du mois d'octobre, au temps de notre seigneur le pape Paul II.

Le seigneur Francesco fils de Melchione de Puteo, habitant Bologne à la chapelle de Santa Cecilia, d'un côté et pour une part, ainsi que

Maître Annibale fils du maître Guglielmo de Padoue, citoyen bolognais à la chapelle de Santa Cecilia, d'un autre côté et pour une part, ainsi que

Baldassarre fils du défunt Melchione Azzoguidi, citoyen bolognais à la chapelle de San Nicolò de Albaris, d'un autre côté et pour une part, [et lesdits maîtres Annibale et Baldassarre tous deux conjointement pour deux parts], et chacun d'eux jusqu'à un tiers, librement etc. en leur nom et aux nom de leurs héritiers, ont contracté ensemble une société (*societatem*) pour l'art et l'activité d'imprimer des livres (*ad artem et exercicium imprimendi libros seu stampandi*) pour une durée de deux ans commençant aux calendes du mois de décembre prochain, selon les accords et conventions qui suivent.

En effet premièrement, le seigneur Francesco a promis aux maîtres Annibale et Baldassarre de transmettre des exemplaires des livres à imprimer qui soient corrects, et que Francesco est tenu de corriger lui-même au mieux de ses capacités et de rendre public et d'enseigner publiquement ces livres imprimés avec honnêteté, au mieux de ses capacités et selon l'arbitrage d'hommes honnêtes (*arbitrio boni viri*) ; ~~il ferait toutes autres choses utiles à cette société~~ et il s'efforcerait de les vendre ou faire vendre autant qu'il le peut. Le seigneur Francesco a fait cela, parce que les maîtres Annibale et Baldassarre ont promis d'imprimer les livres qui ont été donnés et transmis par ledit seigneur Francesco, selon l'arbitrage d'hommes honnêtes. Et ils devront travailler avec trois presses [~~et avec l'accord que chacun d'eux est tenu à un tiers des dépenses~~] et faire toutes les dépenses nécessaires pour la fabrication de ces livres, c'est-à-dire l'encre, le papier et les ouvriers ou ceux qui travailleront et fabriqueront ces livres (*garzonorum seu illorum qui laborabunt et construent dictos libros*), et toutes les autres dépenses nécessaires pour la fabrication de ces livres (*constructionem dictorum librorum*).

~~et avec l'accord que ce qui pourra être vendu de ce tiers est ce que touchera ledit seigneur Francesco, celui-ci est tenu de s'acquitter du tiers des dites dépenses, et pas autrement~~

~~À la fin de ces deux ans, ils ont promis~~

Les maîtres Annibale et Baldassarre ont promis de donner pour son travail (*labore*) au seigneur Francesco le tiers des livres ou le tiers de l'argent issu du prix des livres vendus, après avoir déduit les frais qui ont été avancés pour la fabrication de ces dits livres, étant entendu dans ces frais seulement ceux concernant le papier et les ouvriers (*laborantibus*), à savoir le salaire (*salario*) pour composer et imprimer (*componencium et stampacium seu imprimencium*), mais dont le nombre ne peut pas dépasser six ou sept dans l'atelier s'ils reçoivent un paiement (*pensionem*). Et au cas où les dépenses excèderaient la valeur des livres et le profit octroyé audit maître Francesco, [ou qui lui reviendrait pour sa part], alors ledit seigneur Francesco ne serait responsable qu'à la hauteur de la valeur de ces livres ou de ce profit [et pas pour tout autre dommage ou dépense, même s'ils sont volés et de quelque manière détruits ; et dans ce cas, il n'est pas tenu à quoique ce soit par quiconque]. Et ils firent ainsi en compensation du travail (*recompensatione laboris*) du dit Francesco pour la correction des dits livres.

À la fin de cette société, les livres, qui seront imprimés durant cette période, doivent être divisés en trois parts, en enlevant d'abord les frais, comme dit précédemment ; et les maîtres Annibale et Baldassarre doivent recevoir le remboursement de ces frais en intégralité à partir de ces livres, au prix auxquels ils ont été vendus ou auquel ils seront estimés.

Cette société etc. sous peine de cent ducats d'or etc. réparation des dommages et obligation des biens etc. renonçant au bénéfice et au serment etc.

Fait à Bologne, dans la chapelle de San Martino de Aposa, dans l'étude de la maison de *ser* Bernardo de Sassuno notaire. Présents Benino de'Benini citoyen bolognais de la chapelle Santa Maria Magdalena, Antonio de'Blanchiti notaire, Bartolomeo de'Verardi, notaire, Salveto de'Paliotti notaire, qui tous dirent etc. témoins etc.

BOLOGNE, 5 JANVIER 1471

Source : Archivio di Stato di Bologna, Notai del distretto, b. 784.
Édition : Sorbelli, Tavoni, Rossi et Temeroli, 2004, doc. XVI.

Les informations concernant ce contrat, qui se trouve parmi les matrices du notaire Amicini, sont très lacunaires. Nous ne savons pas si cette *societas* a donné lieu à une édition, même si le document stipule clairement que le but de l'association est de produire et de vendre des livres imprimés. Certains des membres font sans doute partie de l'élite de la ville, mais nous n'avons pas d'autres informations sur eux. Albano Sorbelli qui édite ce contrat souligne l'importance du secret dans cette association, alors même qu'une autre entreprise typographique est déjà active dans la ville (Sorbelli, 2003, p. 73).

Mille quatre cents soixante-et-onze, quatrième indiction, cinq janvier.

Le vénérable Polo fils du défunt Pietro de Odiema de Naples

Le seigneur Lucas Blasio de Sicile

Le seigneur Biagio fils du défunt Polo de'Catenagli de Bologne

Le circonspect Matteo [et Jacobo, frères et fils] du défunt et respectable Girolamo de'Bolognitti

Le prudent Bartolomeo fils du défunt Francesco de'Morbioli, citoyen de Bologne

Entendant employer leur travail et leurs efforts et s'exercer à l'art et l'activité de reproduire, créer et fabriquer les livres (*exercere circa artem et exercitium exemplandi seu creandi et construendi ad formam libros*) qu'il leur semblera bon, et s'unir mutuellement et formellement dans une société (*societas*) pour cette activité et ce commerce de reproduire et de créer des livres selon une forme (*exercere circa artem et exercitium exemplandi seu creandi et construendi ad formam libros*), tant pour fabriquer que pour vendre ces livres ; pour cette raison, volontairement, sans erreur de fait ni de droit, chacun en sa conscience et de volonté unanime, ils ont convenu et ont contracté réciproquement une société (*societatem*) dans ledit art et la dite activité de fabriquer et de faire des livres, chacun en fonction de leur faculté, selon ce qui leur semblera, et pour une durée de trois ans.

Les contractants se promettant réciproquement, pour eux-mêmes et leurs héritiers, d'exercer leur industrie, leur personne et leurs efforts à cette activité et pour l'art de la dite société pendant cette durée, bien, diligemment, fidèlement et avec soin, selon l'arbitrage d'hommes honnêtes, et de verser leur part due au capital, chacun également et jusqu'à atteindre la somme juste et nécessaire.

Et par cet acte, les contractants et associés sont tenus de trouver et de louer une boutique ou atelier (*apothecam seu stationem*) dans la ville de Bologne, dans laquelle ils pourront travailler, exercer leurs efforts et leurs personnes tant pour la fabrication et la reproduction des livres et d'autres choses, que pour la vente et la finition de ces livres et de ces autres choses.

Leur travail (*laboreria et operas*) pour l'exercice de cet art doit être fait dans l'intérêt commun de cette société. Et pour toutes les choses concernant la société, les entrées et les dépenses, il faut un livre bien ordonné et réglé, qui tienne des comptes clairs des parts, des ventes, et ils doivent rendre tous ces comptes chaque semestre des trois ans considérés.

Les associés et contractants se sont accordés sur le fait que si pendant le temps de la société il arrive qu'il y ait la guerre ou la peste dans la ville de Bologne – que Dieu préserve –, la société ne doit pas s'achever, mais doit se poursuivre et se transférer dans toute ville ou en tout lieu que les associés ou leur majeure partie trouveront approprié.

S'il advient que les associés ou quelqu'un parmi eux ait l'opportunité de faire ou vendre le produit de leur travail ou de commercer tant en Italie que hors d'Italie, il peut et a le droit de le faire pour le bien commun et l'utilité de la société.

Aucun associé ne peut enseigner, instruire ou rendre public sa fonction ni l'art concerné (*ministerium et artem predictam*) à quiconque en dehors des dits associés, ni avoir une entente avec quiconque, secrètement ou publiquement.

Si l'un des associés devenait infirme – que Dieu préserve –, il n'en devrait pas moins partager et participer aux entrées et à l'utilité de la société, selon sa part et malgré son infirmité.

Et ils doivent et sont tenus de travailler (*laborare*) avec grand soin pour fabriquer les livres, et s'occuper (*operare*) à les finir au mieux, diriger et conduire les ouvriers (*gargionos*) et toutes autres personnes nécessaires pour l'activité de la société.

Si l'un ou plusieurs associés veut quitter et se retirer de la ville de Bologne pour un autre endroit, quel que soit le lieu qu'il souhaite ou qui lui plaira, il peut partir sans autorisation ni requête des autres associés, du moment que, dans un délai d'un mois à compter du départ, il présente aux autres associés pourquoi ce départ est et a été utile à l'utilité commune de la société et des associés.

Tous les associés sont tenus et doivent, et ont promis, de persévérer dans cette société jusqu'à la fin des trois ans, et cette société ne peut pas être interrompue ou dissoute avant la fin des trois ans.

Chacun des associés est tenu d'exercer son industrie et sa personne pendant les trois prochains mois et, cette durée achevée, il peut se faire remplacer et envoyer un ouvrier (*gargionum*) à ses frais, s'il lui semble bon.

Et ainsi qu'il a été dit etc. que tous etc. avec une promesse minimale etc. sous peine de … ducats d'or etc. avec la promesse de etc. obligation des biens etc. renonciation aux bénéfices avec sauf conduit etc. envoyé devant le tribunal du seigneur podestat de Bologne et représentants dans toute ville et territoire pour faire valoir son droit etc. et n'importe où en commun etc. et sous la peine dite etc.

Fait à Bologne à la chapelle San Stefano, dans la maison du dit Matteo. Présents Giorgio Laurenti de Milan, habitant Bologne à la dite chapelle, Francesco Pietri Tincti, fabricant de selles pour mulets et ânes dans la dite chapelle, et Ugolino Cristofori de Montecinere à la chapelle San Lorenzo Porte Stei. Et Giorgio dit etc.

BOLOGNE, 22 OCTOBRE 1473

Source : Archivio di Stato di Bologna, Notai del distretto, b. 360, n° 197.
Édition : Sorbelli, Tavoni, Rossi et Temeroli, 2004, doc. XXI.

Andrea Portilia est originaire de Turin ; après avoir imprimé une édition des *Triomphes* de Pétrarque en mars 1473 à Parme, il s'installe à Bologne (Sorbelli, 2003, p. 16). Son installation semble avoir été favorisée par Francesco dal Pozzo (*Cf.* Bologne, 25 octobre 1470), dans la mesure où celui-ci signe une lettre introductive à sa première édition, un commentaire d'Alexandro Tartagni publié en 1473 (Avellini, 1994, p. 119). Il conclut ici une société avec Pietro Antonio de Advena de Sicile, docteur en arts et étudiant en droit à Bologne ; Francesco de Vincentio de Sicile, étudiant en droit à Bologne, et Lazzaro della Pena, notaire apostolique et bedeau du Studium de Bologne. L'accord sépare nettement le travail lié à la production, qui relève de Portilia, et la vente, dont se chargent les deux éditeurs. La société connaît de nombreuses vicissitudes par la suite : la société manque d'ouvriers compétents puis est à court d'argent pour assurer la production, ce qui entraîne l'entrée dans l'association de nouveaux partenaires ou le remplacement de certains. Andrea Portilia finit même par être remplacé. Le *Repertorium* de Pietro del Monte qui devait être imprimé par cette association est finalement achevé en 1478 (Rossi, 2004, p. 81-82). Le processus éditorial de cette édition est largement documenté par la succession des contrats dans les cinq années qui suivent, ceux-ci rajoutant ou remplaçant des collaborateurs à différentes étapes de la production des livres.

L'importance du marché universitaire juridique est indéniable dans les premiers temps de l'imprimerie à Bologne, mais n'empêche pas les soucis financiers et organisationnels dont les archives témoignent dans les années qui suivent. Reste que ce contrat cherche à tirer parti des ressources intellectuelles et du marché local. La conscience de la compétition est réelle : la clause d'exclusivité à laquelle est tenu Andrea Portilia permet de s'assurer d'être seul sur ce marché. Après cela, Andrea Portilia retourne imprimer à Parme, puis à Reggio à partir de 1478 (Sorbelli, 2003, p. 16-17).

Notons enfin que le notaire de ce contrat, comme de plusieurs autres qui suivent, est Nicolò Beroaldo, sans doute parent de l'humaniste Filippo Beroaldo qui est par la suite très impliqué dans l'imprimerie naissante (*Cf.* Bologne, 22 mai 1499).

[le seigneur Pietro Antonius, le seigneur Francesco de Sicile, et *ser* Lazzaro della Pena et maître Andrea fabriquant de livres imprimés

Conventions]

Mille quatre cents soixante-treize, sixième indiction, vendredi vingt-deux octobre, très saint pontificat en Christ de notre père et seigneur le pape Sixte IIII

Les nobles et respectables seigneur maître Pietro Antonio fils d'Onofredo de Avena de Sicile, docteur en art et dans les deux droits, étudiant à Bologne [pour un tiers], seigneur Francesco fils d'Antonio de Vincentio de Sicile, étudiant dans les deux droits à Bologne à la chapelle de San Proculo [pour un autre tiers], et le respectable Lazzaro fils du défunt Giovanni della Pena de la dite chapelle, bedeau de l'université de la ville de Bologne [pour un dernier tiers], tous pour une part ; et maître Andrea fils de Stefano Portilia de'Pedemonti, habitant de Bologne à la chapelle de San Francesco, fabricant de livres imprimés (*fabricator librorum ad stampam*) pour une autre part, volontairement pour eux et leurs héritiers, ont signé et ont conclu entre eux les conventions, obligations et pactes ci-dessous.

Tout d'abord, maître Andrea, à ses propres frais et dépenses, sauf ce qui est mentionné ci-dessous, a promis et est expressément convenu avec le seigneur Pietro Antonio, le seigneur Francesco et *ser* Lazzaro présents de faire, construire, fabriquer et d'amener à achèvement quatre cent quarante livres et volumes de livres (*libros et volumina librorum*) de tous les *Repertorium* du seigneur Bartolomeo de Brescia (*sic*), à imprimer par le même Andrea selon la forme des lettres (*ad stampam litterarum secundum formam litterarum*) transmise par les sus-nommés et signée de la main de moi, notaire, en ce jour et chez les seigneurs Pietro Antonio, Francesco et Lazzaro ou l'un d'eux. Commençant à fabriquer les volumes et ces livres au début du mois de décembre prochain, il poursuivra l'impression et la production de façon continue jusqu'à l'achèvement complet des quatre cent quarante volumes des dits *Repertorium*, selon l'arbitrage d'hommes honnêtes, sans tromperie, fraude, ni délai.

Le maître Andrea ne peut pas et n'a pas le droit ouvertement ni secrètement de fabriquer, pour lui ou pour d'autres, d'autres livres ou volumes des dits *Repertorium*, au-delà du nombre fixé, ni d'imprimer pour le compte de quelqu'un d'autre, [ni d'autres livres pour qui que ce soit, s'il n'a pas fini les volumes cités ci-dessus], sans licence spéciale des dits seigneurs Pietro Antonio, Francesco et Lazzaro.

Le seigneur Pietro Antonio, le seigneur Francesco et Lazzaro sont tenus et ont promis de transmettre à leurs frais au maître Andrea toute la quantité de papier (*cartarum et papiri*) nécessaire pour de quatre cent quarante volumes des *Repertorium*, au moment opportun, et de lui donner et livrer l'exemplaire du dit *Repertorium* qu'il doit imprimer.

Le maître Andrea a promis et a convenu expressément d'imprimer lesdits quatre cent quarante volumes des livres des *Repertorium*, [bien, diligemment et correctement, selon ce qui sera contenu dans l'exemplaire qui lui est donné], et il a promis également de donner et livrer au seigneur Pietro Antonio, au seigneur Francesco et à *ser* Lazzaro ou l'un d'entre eux, selon ce qu'il imprimera, lesdits volumes des livres et tous les cahiers qu'il aura imprimés et finis parfaitement et comme il se doit, et de les leur donner et livrer ; et [ceux-ci sont tenus de garantir la sécurité de ces cahiers].

Le maître Andrea fit cela parce qu'en retour, le seigneur Pietro Antonio, le seigneur Francesco et Lazzaro, et chacun d'eux pour leur tierce part, ont promis de donner et de payer au maître Andrea, pour son travail, son salaire et dédommagement (*pro eius mercede, stipendio, salario, provisione et labore*), et comme totalité de la part de toutes les parties citées, de quelque manière que ce soit, sept cents ducats d'or, de juste poids et forme, c'est-à-dire de donner, payer et débourser au maître Andrea, selon sa volonté, sur lesdits sept cents ducats toute quantité d'argent qu'il jugera nécessaire et juste pour toutes les dépenses utiles au commencement de ce travail et à son accomplissement, quelles que soient les conditions et la somme nécessaire à cette fabrication. Le seigneur Pietro Antonio, le seigneur Francesco et Lazzaro [et chacun d'eux pour un tiers] ont promis de donner et de payer le reste des cents ducats au maître Andrea une fois calculées les dépenses désignées ci-dessus, à l'achèvement de ce travail, dans les deux mois suivants et sans exception. Et au cas où le seigneur Pietro Antonio, le seigneur Francesco et *ser* Lazzaro auraient vendu ou aliéné la moitié des dits volumes et libraire avant l'achèvement complet de ceux-ci, alors lesdits Pietro Antonio, Francesco et Lazzaro sont tenus de donner et payer le maître Andrea etc. la moitié de ce qui reste à lui payer selon ce qui est indiqué ci-dessus.

Et les parties ont également convenu que si, pendant que le maître Andrea achevait les volumes, il arrivait que les seigneurs Pietro Antonio, Francesco et Lazzaro ou l'un d'eux vendent ou aliènent les quatre cent quarante volumes ou veulent les garder pour eux, en ce cas, ils doivent donner et payer au maître Andrea etc. la totalité de ce qui reste à lui payer selon ce qui est précisé ci-dessus, sans contradiction et sans attendre la fin des deux mois mentionnés ci-dessus.

Et toutes les parties citées ci-dessus sont tenues et ont promis et ont convenu de faire, observer et remplir cet accord, réciproquement, dans les temps, bien et honorablement, sans tromperie, fraude, vice, machination ni délai, dans la ville de Bologne etc. en supputation des gages etc.

Que tous etc. avec promesse réciproque etc. sous peine de mille ducats d'or etc. en réparation réciproque des dommages etc. dépenses etc. obligation réciproque des biens, c'est-à-dire le seigneur Pietro Antonio, le seigneur Francesco et Lazzaro, et aussi du maître Andrea etc. Renonciation des bénéfices etc. serment selon l'usage des Anciens prêté par tous.

Fait à Bologne à la chapelle San Proculo, dans la maison du seigneur Pietro Antonio et du seigneur Francesco, dans la chambre supérieure de cette maison. Et présents Peregrino Musotti de Gagrio, nonce public et juré de la cour épiscopale de Bologne, et le seigneur Vulterio Pietro Dul d'Allemagne, scribe, habitant dans la maison du seigneur Pietro

Antonio et du seigneur Francesco, qui ont dit devant moi notaire, et témoins etc.

Acte de moi Nicolò Beroaldo, notaire de Bologne.

BOLOGNE, 4 NOVEMBRE 1473

Source : Archivio di Stato di Bologna, Notai del distretto, b. 360, n° 193.
Édition : Sorbelli, Tavoni, Rossi et Temeroli, 2004, doc. XXII.

Ce contrat complète le tableau du précédent (*Cf.* Bologne, 22 octobre 1473), puisque les responsables éditoriaux de l'édition du *Repertorium* délèguent à Petronio Zagni la tâche de corriger le texte. Il est probable qu'il s'agisse d'une correction *a priori* pour établir l'exemplaire qui sera ensuite transmis à l'imprimeur.

Ce contrat témoigne de l'implication et du travail intellectuel des membres de l'université bolognaise, sans qu'ils fassent nécessairement partie d'une association dont ils partageraient les investissements et les risques : il s'agit ici d'un contrat d'embauche. La participation des lettrés aux premières presses a fait l'objet d'une attention renouvelée et montre combien ce travail intellectuel, souvent peu reconnu, a contribué au développement et à la diffusion de la nouvelle industrie, et qu'il a également une influence majeure dans les choix éditoriaux et les évolutions des textes (Grafton, 2011).

[Conventions sur la correction du *Repertorium Brissiensem*.

Copie donnée...]

MCCCLXXIII, VIe indiction, quatrième jour de novembre, sous le pontificat de notre très saint seigneur pape Sixte quatre.

L'illustre et fameux docteur en droit le seigneur Petronio de Nicolò de Zonis [ou Zagni], citoyen de Bologne a volontairement promis, s'est obligé et est convenu avec le savant seigneur Francesco fils d'Antonio de Vincentio de Sicile, étudiant à Bologne, [à la chapelle Santa Lucia], et Lazzaro de Giovanni della Pena, notaire apostolique et bedeau de l'université de la ville de Bologne, à la chapelle de San Proculo, présents, en leur nom et au nom du seigneur Pietro Antonio fils d'Onofrio de Advena de Sicile, docteur en arts, et au nom de leurs héritiers, stipulant et attestant, et ce pour quoi lesdits seigneurs Francesco et Lazzaro ont promis etc. ; [Petronio a donc promis] de corriger et revoir l'intégralité du *Repertorium* du seigneur Bartolomeo (*sic*) de Brescia, de façon louable et selon l'arbitrage d'hommes honnêtes, celui-ci devant être livré et remis au seigneur Petronio par les seigneurs Francesco et Lazzaro en vue de la correction comme dit plus haut. [Cette correction de tout le *Repertorium* doit être faite sur toutes les lettres, les autorités, les notations et parties nécessaires, sans diminution, vice ou fraude, mais au contraire revu parfaitement et totalement comme dit précédemment.]

Et pour le salaire et le travail (*mercede stipendio et salario*) du dit Petronio, lesdits seigneurs Francesco et Lazzaro, pour eux et leurs héritiers, de concert et en leur nom, ont promis de donner et payer audit Petronio cent vingt ducats larges, en bon or et bien pesés, et un *Repertorium Brissiensem* entier, imprimé et fait imprimer, de la façon suivante : dix ducats d'or pour tout le mois de février à venir, sans aucune contradiction ; le reste de cette somme, une fois finis le travail et l'impression des volumes du dit Brescian, qu'ils ont l'intention d'imprimer pendant deux mois continus, [ils ont promis de le donner audit seigneur Petronio dès que lesdits *Repertorium* seront finis], sans contradiction, [et de donner et consigner audit Petronio ledit volume du Brescian immédiatement le travail achevé, sans délai].

En particulier à Bologne et en général, sur présentation des garanties et sous peine double etc.

Et tout cela avec promesses réciproques, sous peine de deux cents ducats d'or, ils promettent réciproquement le paiement des dommages et obligations réciproques des biens en commun des dits seigneurs Francesco et Lazzaro et renonciation des bénéfices etc. serments selon l'usage des Anciens etc.

Fait à Bologne dans la chapelle de Sant'Andrea de Ansaldis, à la station de l'*universitas* des seigneurs étudiants de la ville de Bologne. Présents Bartolomeo Antonio Tutoboni de la chapelle de San Damiano de Ponte Ferri et Antonio Mainerio, tailleur de la chapelle de San Proculo, l'illustre seigneur Pietro Antonio Galtasio de Ugubio, étudiant dans les deux droits à Bologne à la chapelle Santi Vitali e Agricola, et moi, notaire, mandatés par les parties, témoins etc.

Acte de moi Nicolò Beroaldo, notaire.

BOLOGNE, 20 NOVEMBRE 1473

Source : Archivio di Stato di Bologna, Notai del distretto, b. 360, n° 185.
Édition : Sorbelli, Tavoni, Rossi et Temeroli, 2004, doc. XXIII.

L'entreprise éditoriale autour du *Repertorium* de Pietro de Brescia permet également d'observer la manière dont les éditeurs commerciaux cherchent à s'assurer de l'approvisionnement en papier. Le développement de l'imprimerie passe par l'implication de nombreux autres métiers, notamment les papetiers qui adaptent leur production au développement des presses. Les Aimerici sont ici les fournisseurs uniques de l'entreprise typographique et celle-ci est elle-même leur seul client « en gros » pour le type de papier royal qu'ils leur fournissent – ils conservent la possibilité de vendre ce papier au détail dans leur boutique. Ces papetiers sont par ailleurs des notables de la ville, citoyen et notaire. Nous avons peu d'informations sur cette famille et leur entreprise papetière, qui s'appuie visiblement sur des moulins qu'ils doivent avoir dans des possessions foncières à l'extérieur de la ville[4].

Ce document présente de très nombreuses ratures et ajouts de la part du notaire (fig. 3). Certaines témoignent d'une volonté de précisions ou d'erreurs de sa part. D'autres semblent plutôt témoigner de négociations entre les parties prenantes, notamment sur la provenance du papier ou sur la possibilité pour les imprimeurs de s'approvisionner ailleurs en cas de défaut de livraison.

[Accords concernant le papier livré pour les volumes du *Repertorium* du Brescian avec les Aimerici]

MCCCCLXXIII, sixième indiction, vingtième jour du mois de novembre, du pontificat du très saint seigneur pape Sixte quatre.

L'illustre *ser* Pietro fils du défunt Nicolo Bartolomeo Aimerici, citoyen et notaire de Bologne, et son frère Jacobo, volontairement pour eux et pour leurs héritiers, spécialement et expressément ont promis et sont convenus de donner et livrer à leurs propres frais toute quantité de papier et de feuilles royales (*quamcumque quantitatem cartarum et carte realis*) [produites en format royal (*ad formam realem factarum*), selon l'arbitrage d'hommes

4 À noter que cette exclusivité permet à Sorbelli de déterminer qu'Andrea Portilia, imprimeur du *Repertorium*, est également l'imprimeur du *Singularia juris* de Francesco da Crema en 1474 (n° ISTC if00291000) (Sorbelli, 1910).

honnêtes et produites dans le futur], au seigneur Francesco Antonio de Vincentio, étudiant [de Bologne habitant] à la chapelle de Santa Lucia, et à Lazzaro Giovanni della Pena, notaire apostolique et bedeau de l'Université de Bologne, présents, stipulants et attestants [pour eux et pour leurs héritiers de concert], [ce papier étant fabriqué dans leur moulin à papier, jusqu'à ce que l'ouvrage du *Reportorium Brissiensem* qu'ils ont commencé soit achevé d'imprimer]. Et ce papier royal, [les Aimerici ne peuvent] le donner ni le céder à aucun autre, en grande ou en petite quantité, sauf au détail dans leur boutique [de papier] (*apotecha* [*cartarum*]).

Et de même, les seigneurs Francesco et Lazzaro ~~ne peuvent pas acheter du papier à aucun autre~~ [sont tenus d'accepter ce papier et ces feuilles, et de l'acheter au prix écrit ci-dessous, et ne peuvent pas acheter du papier royal à aucun autre, si ce n'est auxdits Aimerici], sauf si les dits Pietro et Jacobo ne peuvent pas fournir toute la quantité [de papier] dont lesdits Francesco et Lazzaro ont besoin pour faire imprimer les [dites] lectures [du *Repertorium*] de Bartolomeo de Brescia (*sic*) ; [et alors dans ce cas, lesdits seigneurs Francesco et Lazzaro peuvent acheter ce papier à qui ils le souhaitent qui en vendrait].

Et tout cela, [lesdits Aimerici l'ont fait] parce qu'en retour lesdits seigneurs Francesco et Lazzaro ont promis de concert de donner aux *ser* Pietro et Jacobo, ou à un autre en leur présence, pour prix (*precio*) de ce papier ~~pour chaque rame~~ [ainsi livré], pour chaque rame (*risima*) quatre livres bolognaises [en monnaie courante], de sorte que les Aimerici soient tenus continument de prêter [et donner en créance auxdits seigneurs Francesco et Lazzaro] autant de quantité de papier correspondant [à une valeur estimée] de cinquante livres bolognaises, pendant le temps que lesdits seigneurs Francesco et Lazzaro ont besoin de ce papier. [Une fois le *Repertorium Brissiensem* achevé et qu'ils ont eu tout le papier, ils sont tenus de payer ces cinquante livres aux Aimerici.]

Et ainsi, pour le paiement du papier livré aux dit seigneurs Francesco et Lazzaro en présence [de moi, notaire, et] des témoins [cités ci-dessous], ils ont donné et ont payé aux *ser* Pietro et Jacobo présents six ducats de bon or et bien pesé, renonçant à l'exception de la non-remise des dits six ducats. Et les seigneurs Francesco et Lazzaro ont promis de donner aux *ser* Pietro et Jacobo un *Repertorium* entier du seigneur Bartolomeo (*sic*) imprimé selon ce que [les seigneurs Francesco et Lazzaro ont souhaité et] ont voulu faire. Et les mêmes Aimerici sont tenus de donner toute la quantité de papier nécessaire pour cet unique volume, sans aucun paiement, que ce soit de la part des Aimerici pour ce volume ou de la part des seigneurs Francesco et Lazzaro pour la quantité de papier nécessaire pour ce volume.

Tout cela etc. avec promesse en retour etc. sous peine de deux cents livres bolognaises etc. et réparation des dommages etc. et obligation des biens et renonciation des bénéfices et serments.

Fait à Bologne dans la chapelle de Santo Vito, dans la boutique [de papier] des dits Aimerici. Présents Masino fils du défunt Antonio de Collo papetier (*cartario*) de la chapelle San Giorgio de Pozore, Pietro fils du défunt Tomà de'Florini de la chapelle de Santa Maria Maioris et Giovanni Benedetto fils du défunt Domenico Zambaldi de la chapelle San Giuseppe, papetier (*cartariis*), et moi notaire mandaté par les parties etc. témoins.

Acte de moi Nicolò Beroaldo, notaire bolognais.

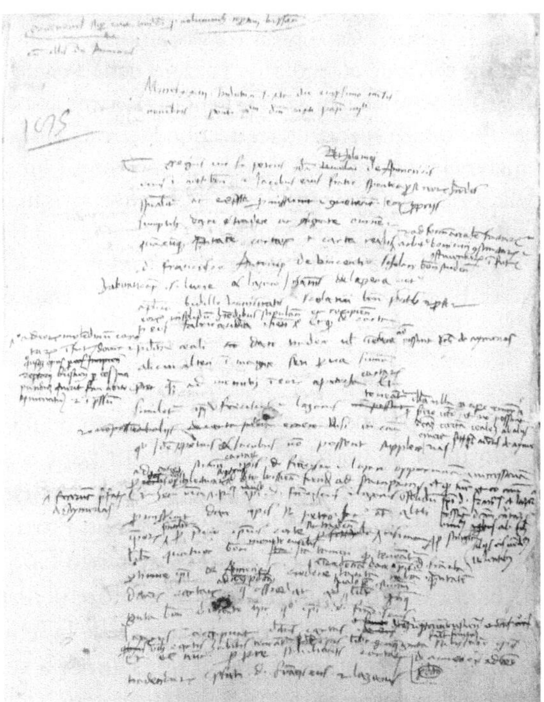

FIG. 3 – Première page du contrat, Archivio di Stato di Bologna, Notai del distretto, b. 360, Notaire Nicolò Beroaldo, n° 185.

BOLOGNE 3 JANVIER 1474

Source : Archivio di Stato di Bologna, Notai del distretto, b. 964, n° 87.
Édition : Ce document est une version préliminaire de celui édité dans Sorbelli, Tavoni, Rossi et Temeroli, 2004, doc. XXIV. Ce dernier est cependant introuvable.

Ce contrat d'association, très sommaire et très peu précis, documente la participation d'une autre catégorie d'artisans à l'industrie du livre : les relieurs. Ce contrat associe le libraire Lazzaro della Pena, que l'on a déjà rencontré à plusieurs reprises, impliqué dans des entreprises libraires et typographiques, avec Pietro Ciza, fils d'un pelicier. Si Pietro n'est pas qualifié directement de travailleur de peau (le qualificatif s'applique à son grand-père Lorenzo), il a sans doute des compétences utiles pour le travail du cuir, qui pourront s'appliquer à la reliure. Ce contrat d'association contribue ainsi à une forme d'intégration verticale au profit de Lazzaro della Pena. La répartition exacte des gains n'est pas précisée, ce qui peut laisser une assez large place à l'interprétation. Il semble cependant acquis que Pietro Ciza n'a pas d'argent ou de capital matériel à fournir ; les moyens de son travail lui sont procurés par Lazzaro della Pena. Il s'agit sans doute d'un jeune artisan, bien qu'il ne s'agisse pas d'un contrat d'apprentissage *stricto sensu* – la mention à la fin du document de la renonciation de son grand-père à ses droits de représentant semble le suggérer. Il est également probable que Pietro travaillait auparavant dans l'atelier de ce dernier.

MCCCCLXXIIII septième indiction, troisième jour du mois de janvier, au temps du pontificat de notre très sain seigneur pape Sixte Quatre.

Ser Lazzaro fils du défunt Giovanni della Pena de Reggio, notaire apostolique, habitant de Bologne à la chapelle de San Proculo et bedeau d'une part, et Pietro fils de Girolamo fils de Lorenzo Ciza pellicier de la chapelle de Santa Cecilia d'autre part, volontairement etc. ont fait ratifier une société (*societate*) dans l'art et l'exercice de la reliure de livres (*arte et ministerio ac exercitio legandi libros*) [pour l'année à venir] :

Ainsi, *ser* Lazzaro est tenu et doit donner à cette société tous les instruments et l'argent nécessaires pour cet exercice (*ministerio et exercitio*), et ledit Pietro est tenu et doit employer sa seule personne (*solum ponere personam*) et s'employer [selon l'arbitrage d'hommes honnêtes] à la reliure de livres (*religando libros*) et à toutes les choses nécessaires à cela. ~~Et ce…~~

Et le gain (*lucrum*) tiré de cet exercice, après déduction des frais nécessaires à la reliure des livres, doit être divisé entre les parties ~~de cette manière~~ de jour en jour, au fur et à mesure du travail (*facto laborerio*) ~~pour moitié~~. Et ainsi, ledit *ser* Lazzaro est tenu de payer tout le loyer de la boutique à ses frais.

Avec promesse réciproque etc.

Sous peine de cinquante livres bolognaises etc.

Obligation des biens etc.

Pour un mutuel bénéfice etc.

Sous serment etc.

Pour Pietro et à sa demande, ledit maître Lorenzo fils du défunt Pietro Ciza, grand-père du dit Pietro, quoiqu'il sache qu'il n'y soit pas tenu etc. volontairement etc. a représenté et était constitué en représentant, et a renoncé au privilège de représentant, sous l'hypothèque et l'obligation de tous ses biens, et a juré etc.

Fait à Bologne à la chapelle de Sant'Andrea de'Platisi dans la maison d'habitation de Francesco fils du défunt Andrea de'Luciani alias de Lunghi. Présents le même Francesco Malatesta fils du défunt Jacobo Bazalieri tailleur, citoyen de Bologne de la dite chapelle, et le seigneur Cristoforo fils d'Antonio de Podio, étudiant de la dite chapelle. Tous ont dit etc. Témoins etc.

Acte de moi, notaire, Maione Savi.

BOLOGNE, 28 JANVIER 1474

Source : Archivio di Stato di Bologna, Notai del distretto, b. 852.
Édition : Sorbelli, Tavoni, Rossi et Temeroli, 2004, doc. XXV.

Johann Wurster est un imprimeur originaire de Bavière actif à Mantoue en 1473 et venant d'arriver à Bologne. Il conclut ici un accord avec des acteurs locaux, Matteo Moretti, docteur en médecine, et Domenico Lapi, enlumineur, pour l'impression d'un traité de médecine à destination du marché universitaire[5].

---

5 Matthaeus Silvaticus, *Liber pandectarum medicinae*, Bologne, Johann Wurster, 1474, nº ISTC is00511000.

Domenico Lapi est sans doute originaire d'une famille d'enlumineurs de Bologne : il se tourne vers le commerce du livre et l'imprimerie en 1474, sans doute avec l'aide de son beau-père et du libraire Sigismondo de'Libri (Sighinolfi, 1908). Par ce contrat, Moretti est embauché comme correcteur par la société pré-existante entre Wurster et Lapi, ce qui lui laisse la possibilité de rentrer dans la société comme associé, ce qui sera fait le 22 avril 1474 (*Cf.* Bologne, 22 avril 1474) (Balsamo, 1983, p. 19-20). Il s'agit ici plus explicitement du travail d'établissement du texte, davantage que de correction des épreuves au fur et à mesure de l'impression.

L'insistance de ce contrat sur la qualité du texte édité, en comparaison avec les autres textes déjà en circulation souligne l'existence de la compétition, qui implique à la fois les livres imprimés et les livres manuscrits, qui peuvent proposer différentes versions des textes utilisés à l'université. Dans ce cadre, l'apport d'universitaires dans le travail intellectuel lié aux presses reste un atout majeur.

[De *ser* Matteo Moretti et Domenico Lapi]

MCCCCLXXIIII, septième indiction, vingt-huitème jour de janvier, au temps du seigneur pape Sixte quatre.

Maître Matteo fils du défunt Pirino Moretti de Brescia, docteur en arts et en médecine, de la chapelle de San Columbano [et Sebastiano], et Domenico fils du défunt Polo Lapi, enlumineur (*miniator*) bolognais, de la chapelle de San Proculo, en tant que garant du maître Johann Uster de Campidone, qui s'oblige comme il apparaît dans un acte de moi, notaire, et aussi en leur nom propre, volontairement s'obligeant, se sont accordés sur les compositions et l'accord ci-dessous, c'est-à-dire :

Ledit maître Matteo est tenu et est obligé de corriger les *Pandectae Medicine* et d'en donner une correction meilleure *en comparaison de tous les autres exemplaires qui se trouvent à Bologne*[6], et d'en réaliser une copie que l'on puisse imprimer (*imprimere et seu stampare*) en autant de volumes qu'il plaira au maître Domenico et au seigneur Johann de Uster.

De même, ledit maître Matteo peut et a l'autorisation, s'il lui semble bon, d'entrer dans la société avec Domenico et Johann dans les quinze jours, jusqu'à la quantité de cinquante ou cent ducats d'or, et plus selon ce qui lui semblera bon, [et il participera aux entrées et aux dépenses à raison de son capital].

6 Le passage en italique est en vernaculaire.

Et tout cela a été fait parce qu'en retour le seigneur Domenico a promis de lui donner pour son travail [de correction] (*mercede* [*corectionis*]) vingt volumes des dits *Pandecta* imprimés, quand tous seront imprimés, ou leur prix usuel selon lequel il les vend habituellement dans la ville de Bologne.

Et si le maître *ser* Domenico voulait donner au seigneur maître Matteo le prix de ces vingt *Pandecta*, il est tenu de donner et de prendre cet argent sur les premières rentrées d'argent de la société, en prenant le montant correspondant à ces vingt volumes.

Et s'il arrivait que l'exemplaire (*exemplar*) ne fût pas bien corrigé, selon ce qui a été promis, alors ledit Domenico et maître Johann ne sont pas tenus de donner les vingt *Pandecta*, et le maître Matteo ne doit rien avoir.

Et tout cela etc.

Fait à Bologne dans la chapelle San Martino de Cazanimici Pigolli à l'office des douanes, présents etc.

BOLOGNE, 9 FÉVRIER 1474

Source : Archivio di Stato di Bologna, Notai del distretto, b. 594, filz. 5.
Édition : Sorbelli, Tavoni, Rossi et Temeroli, 2004, doc. XXVI. Édition partielle.

Ce contrat fait suite au précédent et fait entrer Matteo Moretti dans la société composée de Domenico Lapi et Johann Wurster, comme l'acte du 28 janvier 1474 le rendait possible (*Cf.* Bologne, 28 janvier 1474).

Il porte une attention à la répartition des exemplaires et à la part de responsabilité assumée par les contractants, à la hauteur de ce qu'ils ont avancé. Les compétences de Matteo Moretti sont mises à profit dans la correction de l'œuvre, mais la compétence technique de l'imprimeur est également soulignée par les précisions concernant les instruments, ainsi qu'à travers la mention de la propriété des exemplaires imprimés, qui ne va pas de soi dans le cadre de la production artisanale d'un exécutant (Balsamo, 1983, p. 20-21). Johann Wurster signe d'ailleurs de son nom l'édition produite, sans mention de ses partenaires.

L'exécution de l'édition donne cependant lieu à des conflits ultérieurs, Wurster ne pouvant faire face aux dettes et partant pour Modène, puis Padoue en emmenant les exemplaires imprimés (Sorbelli, 2003, p. 21). Cet imprimeur bénéficiait pourtant de contacts utiles dans la ville, notamment en la personne de Levino de Zélande, lecteur en médecine à l'université, qui est présent à tous les actes le concernant, notamment celui-ci (*ibid.*, p. 19).

MCCCCLXXIIII, VIIe indiction, VIIIIe jour du mois de février, sous le pontificat du pape Sixte IV.

Maître Johann Arici Wurster de Campadiana de Haute Allemagne imprimeur de livres, en présence et à la demande de maître Matteo Pirini de Moretti de Brescia, docteur en médecine, astrologie et arts, ainsi que maître Domenico, fils du défunt Polo Lapi enlumineur de Bologne à la chapelle San Polo, devant témoins et devant moi, notaire, ledit Johann a promis au maître Matteo et à Domenico de faire imprimer ou d'imprimer cinq cents volumes du *Pandectarum Medicine* pendant tout le mois de juillet à venir de cette année, ni plus ni moins, selon les modalités et conventions ci-dessous.

Parce que le maître Johann a promis et s'est obligé à réaliser avec toute son attention et sa diligence, selon l'arbitrage d'hommes honnêtes, les cinq cents volumes du *Pandectarum*, ceux-ci sont imprimés avec tous ses instruments c'est-à-dire ses presses, ses lettres et toutes les autres instruments nécessaires (*torcularibus, litteris atramento et aliis pro duius modi instrumenti necessariis faciendis*). Il les réalisera sur ses propres fonds. Jusqu'à l'achèvement du travail, il gardera ces livres chez lui, comme s'ils étaient la propriété du maître Johann – et en effet ils le sont. Ainsi maître Matteo et Domenico, tous les deux de concert, sont tenus et s'obligent à subvenir et soutenir ledit maître Johann pour toutes les dépenses liées à ses ouvriers (*suis operariis*) pour son activité (*exercicium*), tant pour les vivres que pour toutes les autres choses nécessaires, outre la valeur du papier dépensée par les mêmes maître Matteo et Domenico, avec les dépenses ci-dessous à calculer, c'est-à-dire que leurs obligations vont jusqu'au montant de cent ducats, dans la durée prévue, régulièrement, dans la mesure où ce sera opportun et nécessaire pour accomplir la part du travail (*pro operis faciendi)* par maître Johann et ses associés susdits, et selon l'arbitrage d'hommes honnêtes[7].

En effet par ce contrat, une fois que tous les volumes sont finis, une première partie des livres doit permettre de rembourser les frais et les

7 À partir d'ici, l'édition citée s'arrête.

dépenses faites par le maître Matteo et à Domenico, en tenant à part la part gagnée par ledit maître Matteo pour la correction de l'œuvre, qui s'élève à la somme de vingt volumes du dit *Pandectarum*, cette part étant calculée en tenant compte des dépenses susdites.

Le reste des volumes doit être réparti en deux parts égales, dont l'une doit être donnée à maître Johann et le reste à maître Matteo et à Domenico selon les modalités prévues, et déduisant pour maître Matteo et Domenico autant que de volumes qu'ils ont dépensé pour les frais déjà mentionnés, pour le papier, les vivres et les autres nécessités vues plus haut et selon les autres dispositions.

Par ailleurs, sous la peine prévue, il n'est permis à aucune des personnes citées de vendre aucun des volumes susdits, si ce n'est au prix qui sera convenu entre eux. Et dans le cas où il leur sera possible de les vendre à un bon prix ou au prix convenu entre eux, cet argent doit être mis de côté chez quelqu'un digne d'honneur et de confiance, sauf s'il y en avait un parmi eux, jusqu'à ce que les créditeurs pour les dépenses prévues aient été satisfaites. Cet argent doit rester chez cette personne idoine et digne de confiance afin que chacun puisse avoir sa part à temps et en bonne et due forme. Parce qu'il appartient à chacun des contractants de respecter ce contrat, il convient de faire intervenir des clauses solennelles.

Chacune et toutes les parties mentionnées se sont promis selon la forme et la proportion etc.

Sous peine de cent ducats etc.

En obligation des biens et en renonciation des bénéfices etc.

Serment etc.[8]

Fait à Bologne à San Giusto dans la résidence de moi notaire. Présents Balthasar Georg de Constance de Basse Allemagne, hôte à l'auberge de Saint-Georges de Bologne à la douane des vins, qui dit et affirme bien connaître et avoir bien connu les contractants ; maître Lavino Jacobi de Zélande de Basse Allemagne, docteur en arts. *Ser* Francisco Bartolomei Zanellini notaire bolognais. Maître Giovanni Soprani de'Malchianelli saucissier bolognais de *ser* Bartolo de la porte de Ravenne, témoins etc.

Acte de moi Polo Fronti, notaire.

---

8 Ces clauses juridiques se trouvent dans le fascicule du notaire sous forme abrégée et sous forme condensée. Nous avons choisi la forme condensée afin de nous concentrer sur la partie non standardisée du contrat.

BOLOGNE, 22 AVRIL 1474

Source : Archivio di Stato di Bologne, Notai del distretto, b. 554, n° 112
Édition : Sorbelli, Tavoni, Rossi et Temeroli, 2004, doc. XXIX.

Francesco dal Pozzo poursuit son investissement dans l'activité typographique bolognaise avec cette société conclue avec le peintre Taddeo Crivelli pour réaliser des mappemondes imprimées. Il s'agit du premier contrat entre les deux hommes, et il sert sans doute de ballon d'essai à l'établissement d'une association plus étroite pour la réalisation d'une édition de la *Cosmographie* de Ptolémée. C'est l'une des premières initiatives pour ce type de publication. Taddeo Crivelli est un peintre et miniaturiste bien connu de Ferrare, où il tenait un atelier très recherché. À la mort de son protecteur, le duc d'Este, en 1471, il déménage à Bologne. Il était sans doute déjà familier du travail cartographique réalisé notamment à la cour des Este, mais ce n'est pas lui qui assurait l'impression et la gravure ; son rôle se résumait sans doute au dessin (Sighinolfi, 1908). L'entreprise est exemplaire de l'élan culturel que Francesco dal Pozzo a impulsé dans la typographie bolognaise.

Ce document, présent là encore dans les matrices du notaire Alberto Argelati, témoigne également de la négociation opérée au moment de sa rédaction. Les ratures concernant la période d'essai attribuée à Crivelli sont la trace de la volonté de dal Pozzo de s'assurer que le travail de Crivelli était satisfaisant, malgré sa réputation déjà bien établie comme peintre et comme enlumineur. La réalisation nouvelle de mappemondes imprimées devait justifier, pour l'investisseur, cette prudence dont le peintre a fait les frais.

[Société (*societas*)]

MCCCCLXXIIII septième indiction, vendredi vingt-deux du mois d'avril, pontifical du seigneur pape Sixte IV.

Le respectable seigneur Francesco fils du défunt Melchion de Puteo de Parme, habitant à la chapelle Santa Cecilia, pour une part, et

Maître Taddeo fils de *ser* Nicolas de Crivelli de Ferrare, habitant Bologne à la chapelle San Mame, d'une autre part, volontairement etc. se sont unis en une société réciproque (*ad invicem societatem*) pour la durée des ~~dix et huit~~ six prochains mois à partir de maintenant, [puis après ceux-là, pendant un an, si cela semble bon au seigneur Francesco], afin de réaliser des mappes mondes imprimées (*impressos seu ad forma*), lesquelles mappemondes maître Taddeo a promis de faire et faire faire en impression (*sub stampa*), en couleur, diligemment et selon l'arbitrage d'hommes honnêtes, pendant toute la durée dite, tous les frais nécessaires pour leur exécution étant mis en commun par les associés, du moment que cette dépense ne dépasse pas, ainsi que le maître Taddeo en a convenu, au plus un sou de Bologne pour réaliser chaque mappemonde.

Et pendant la durée de cette société, qu'elle dure six mois ou dix-huit mois, comme dit précédemment, le maître ~~Francisc~~ Taddeo a promis au seigneur Francesco qu'il y aura et qu'ils pourront avoir continument cinquante mappemondes, qui devront être achevées et à disposition. Pendant que celles-ci seront vendues, il s'occupera de faire et de mettre à disposition cinquante autres mappemondes imprimées et achevées. Et en retour, ledit seigneur Francesco a promis et est convenu de donner et payer quatre ducats au maître Taddeo ; et ainsi, en ma présence, moi notaire et de présence de témoins, il a donné et payé au maître Taddeo [ces quatre ducats] pour les dépenses liées à la fabrication des mappemondes.

Et la fin de cette société, que celle-ci dure six, ou dix-huit mois, que les mappemondes soient vendues ou non, ledit Taddeo a promis de donner et restituer [ces quatre ducats] audit maître Francesco. Et ainsi le même Taddeo et, à sa demande, Domenico fils du défunt Pietro Paiaroli, en conscience et voulant s'obliger à titre principal, ont promis [de concert] de restituer cette somme à Bologne et en général etc. Avec les garanties etc. sous peine autant au seigneur Francesco, présent etc.

Une fois les mappemondes vendues, ledit seigneur Francesco doit avoir la moitié de l'argent, sauf un sou par mappemonde qui doit revenir à Taddeo pour continuer à en faire d'autres. Et dans les quinze jours suivants, cinquante mappemondes à vendre doivent être faites et avoir été faites. Et cette société etc. sous peine de cent livres réciproquement entre les parties etc. serment etc.

Avec la promesse de Taddeo et Domenico, [tous les deux conjointement] à partir de maintenant conjointement [selon les actes civils du seigneur podestat et de sa cour etc. sous la forme ci-dessus reconnaissent leur dette et avoir reçu en paiement etc.]

Fait dans la boutique de Giuliano fils de maître Blasio papetier (*cartolarii*) à la chapelle Santa Giusta. Présents maître Giuliano, Baldassarre Azzoguidi et Augustino fils d'Antonio de'Lanci, notaires, qui disent etc. témoins etc.

BOLOGNE, 8 SEPTEMBRE 1474

Source : Archivio di Stato di Bologne, Notai del distretto, b. 817, protocollo, f° 119.
Édition : Sorbelli, Tavoni, Rossi et Temeroli, 2004, doc. XXXIX.

Contrairement à la plupart des autres contrats présentés, nous n'avons ici que la minute de l'acte, reportée dans le registre du notaire (*protocollo*). Il rapporte d'ailleurs non pas l'acte que celui-ci aurait lui-même dressé, mais un écrit rédigé en vernaculaire et déposé par les parties associées, selon une pratique que l'on rencontre régulièrement. Il s'agit du seul témoignage dont nous avons connaissance de la société fondée pour l'impression de la *Cosmographie* de Ptolémée, publié en 1476 avec la participation de Taddeo Crivelli que nous avons déjà vu s'employer à réaliser des mappemondes imprimées (*Cf.* Bologne, 22 avril 1474).

Cette édition revêt une certaine importance pour l'histoire de l'imprimé cartographique, étant la première édition illustrée de la *Cosmographie*[9] – l'édition *princeps* de 1475 n'en comportait pas. L'impact de Crivelli dans cette collaboration est donc majeur. Il ne s'agit pourtant pas d'un grand succès commercial et l'édition peine à se vendre (Sighinolfi, 1908 ; Benati, 1990 ; Bacchi, 1988), comme le signale une évolution du contrat quelques années plus tard (*Cf.* Bologne, 15 janvier 1478).

Le VIIIe jour de septembre 1474

[Société de *ser* Filippo chancelier et de ceux de Ruggeri et autres]

A été ratifiée la société (*societate*) commencée et faite entre *ser* Filippo fils de Jacobo de Baldovinis de Milan, chancelier du magnifique seigneur Giovanni Bentivoglio pour une part, et Giovanni Baldassarre Accursi pour une autre part, et le maître Taddeo Crivelli de Ferrare pour une autre part, et Domenico et Lodovico Ruggeri pour une autre part, au sujet de l'impression et de faire imprimer (*super stampatura et stampari faciendi*) l'œuvre de la *Cosmographie* de Ptolémée avec ses compléments, selon l'accord et les modalités, et leurs clauses, qu'ils m'ont donnés et écrits en langue maternelle, lesquels apparaissent dans le registre de moi, notaire, sous promesses et obligations et de biens, peines, serment, et toutes les autres choses nécessaires.

9 Ptolémée, *Cosmographie*, Bologne, Domenico Lapi, 1477, n° ISTC ip01082000.

Ratifié à Bologne, à la chapelle de Sainte-Cécile, dans l'étude et la chancellerie du magnifique seigneur Giovanni Bentivoglio. Présents maître Polo fils du défunt Simone Cavallo, cordonnier à la chapelle Santa Maria Magdalena ; Giovanni fils de Bartolomeo Fabruzi dit Fabruzo, boucher à la chapelle San Sinesio ; et Bartolomeo fils de Giovanni dit Ravaglio, boucher à la chapelle San Proculo, tous citoyens bolognais, qui tous ont dit etc. Témoins etc.

BOLOGNE, 24 SEPTEMBRE 1474

Source : Archivio di Stato di Bologne, Notai del distretto, b. 359, n° 40.
Édition : Sorbelli, Tavoni, Rossi et Temeroli, 2004, doc. XLI.

Ce contrat fait suite au contrat précédent du 23 décembre 1473 (*Cf.* Bologne, 23 décembre 1473) qui confiait la correction à Petronio Zagni. D'autres universitaires prennent à présent en charge deux parties du *Repertorium*. Cette fois, le travail de correction est étroitement lié à l'activité des imprimeurs : le texte doit visiblement être livré au fur et à mesure, sans occasionner de chômage technique pour les imprimeurs. Cela peut signifier qu'il s'agit d'un travail d'édition et de correction à flux tendu : le contrat ne précise pas la livraison d'un exemplaire bien corrigé d'un seul tenant, comme c'était le cas dans le contrat précédent (*Cf.* Bologne, 4 novembre 1473).

On peut cependant s'étonner du prix en numéraire payé pour cette correction : 120 ducats semblent une somme particulièrement importante pour un tel travail. Il s'agit d'ailleurs de la même somme prévue pour Petronio Zagni. À titre de comparaison, en 1499 à Venise, l'imprimeur grec Chalcondylas et ses associés mettent de côté 5 ducats par mois pour le salaire de leur correcteur d'épreuve ; Martin Lowry estime que cela peut être trois ou quatre fois plus pour les correcteurs d'Alde Manuce (Lowry, 1989, p. 107-108). Avec une estimation haute, cela signifierait que les correcteurs sont payés ici pour 6 mois de travail continu, en plus des livres qu'ils reçoivent en complément.

[*Ser* Pietro et Giovanni Battista de'Grassi, notaires, et d'autres associés Au sujet de la correction du *Repertorium*]

Mille quatre cent soixante-quatorze, septième indiction, samedi vingt-quatre du mois de septembre, pontificat de notre très saint seigneur pape Sixte quatre.

Le noble homme et étudiant en droit, le seigneur Pietro Alfonso de Lordegna, vénérable recteur des seigneurs étudiants du collège des Espagnols établi dans la ville de Bologne, et le noble homme Francesco fils du défunt seigneur Giovanni de ~~igi~~ [Haxvesca] aussi étudiant en droit habitant dans ce collège, chacun d'eux a convenu volontairement, a promis et s'est obligé expressément auprès du noble homme seigneur Francesco Antonio de Vincentio, étudiant en droit, et Lazzaro fils du défunt Giovanni della Pena, bedeau de l'université des étudiants en droit de la ville de Bologne, de la chapelle de San Proculo, pour les trois-quarts, et l'illustre *ser* Giovanni Battista de'Grassi et *ser* Pietro Aimerici, citoyens et notaires de Bologne pour un quart, tous présents, et pour eux et leurs héritiers, stipulant et attestant diligemment et selon l'arbitrage d'hommes honnêtes, de corriger et d'amender la [seconde et troisième] partie des livres ou volumes des *Repertorium* du seigneur Pietro de Brescia, de bonne foi, parfaitement et aussi vite qu'ils le pourront, sans fraude, dommage ni vice. [Et ils s'attacheront à cette correction de cette manière, diligemment, de sorte qu'il n'arrive pas que les imprimeurs dirigés par lesdits associés ne puissent pas travailler (*laborare*) à imprimer cette œuvre par absence des corrections.]

Et pour prix de ce travail et salaire (*mercede labore et stipendio seu sallario*) des seigneurs Pietro et Francesco, les seigneurs Francesco, Lazzaro et *ser* Pietro et *ser* Giovanni Battista ont promis de donner, chacun selon sa part, aux correcteurs Pietro et Francesco cent vingt ducats larges de bon or et bien pesés, et deux volumes des dits *Repertorium* complets imprimés et un volume du *De Feudis* de Balde ; en plus de ces deux volumes des *Repertorium* de Brescia, deux volumes du même *Repertorium* complets, qu'il faut compter dans le paiement des cent vingt ducats d'or au prix auquel les autres volumes imprimés seront habituellement vendus et achetés ; et ces deux volumes doivent être comptés dans la partie du paiement de ces cent vingt ducats. Et ces biens et cette quantité d'argent, les seigneurs Francesco, Lazzaro et autres sont tenus, [chacun selon sa part], de les donner au seigneur recteur et à Francesco, correcteurs présents, dans les deux mois suivant l'achèvement de ces corrections ou après qu'ils aient terminé de corriger les dites deuxième et troisième parties du *Repertorium* de Brescia, et pas avant. En particulier dans la ville de Bologne etc.

Tout cela etc. avec promesse réciproque, en proportion et sous peine de doubler la dite quantité… etc. ainsi payé etc. réparation des dommages et obligations réciproques des biens et renonciation aux bénéfices ratifiant etc.

Fait à Bologne, dans l'église cathédrale de San Pietro de Bologne dans la chapelle baptismale. Présents maître Domenico […] tailleur de la chapelle de Santa Maria Maggiore et Peregrino fils du défunt Musino de Gagio nonce public et juré de la cour épiscopale de Bologne, et moi notaire, mandaté par les parties etc. témoins etc.

Acte de moi Nicolò Beroaldo notaire de Bologne et de la cour épiscopale de Bologne.

BOLOGNE, 7 DÉCEMBRE 1474

Source : Archivio di Stato di Bologne, Notai del distretto, b. 359, n° 9.
Édition : Sorbelli, Tavoni, Rossi et Temeroli, 2004, doc. XLV.

Ce contrat de *locatio* est l'un des seuls du corpus qui soit explicitement qualifié de cette manière. Il s'agit donc bien d'un contrat d'embauche, dans lequel Francesco dal Pozzo emploie un imprimeur pour établir une presse à Parme. Nous n'avons pas connaissance de cette presse, cependant les liens de Francesco dal Pozzo avec Parme sont bien établis (Avellini, 1994, p. 119). Les éditions de Catulle et Stace imprimées par Coralli à Parme ont été préparées par lui et Lino Sighinolfi fait l'hypothèse que Torelli est celui qui a imprimé l'*Histoire Auguste* de Tacite à Parme vers 1475 (Sighinolfi, 1913, p. 342-343).

Ce contrat repose sur l'expertise technique de Pietro Torelli et sur sa capacité à exercer en quasi-autonomie – à l'exception de la fonte des caractères typographiques. Il n'est pas mentionné d'activité de vente. Le salaire de 2,5 ducats qui est proposé est assez faible pour un imprimeur qualifié : les documents padouans donnent des salaires à 2 ducats dans les années 1470 pour des encreurs et entre 2 et 3 pour des pressiers (Mardersteig, 1967, p. 258-259). Il faut cependant ajouter le fait que Francesco dal Pozzo prend en charge les dépenses d'entretien de son employé. On peut également se questionner sur la main-d'œuvre nécessaire : on compte généralement trois ouvriers par presse.

Or, aucun autre salarié ou frais salarial n'est mentionné. Si Pietro Torelli doit imprimer seul les livres commandés, c'est-à-dire composer les formes, encrer, presser et assembler les cahiers, le travail sera certainement très lent ou ne devait concerner que des volumes peu épais.

Mille quatre cent soixante-quatorze, septième indiction, septième jour du mois de décembre, pontificat de notre très saint seigneur pape Sixte IIII.

Pietro fils du défunt Antonio Torelli, citoyen de Bologne à la chapelle de Santa Maria Magdalena, rue San Donato de Bologne, qui a assuré et a expressément déclaré devant le seigneur Francesco présent savoir imprimer des livres (*sciere imprimere libro ad stampam illosque stampare*), faire ou fondre des lettres en étain et en autre métal (*litteras stagni et alterius metalli facere seu zetare*), faire les instruments pour cela, et faire et accomplir toutes les choses nécessaires et opportunes pour cela, loue et cède volontairement lui-même, son travail et sa personne (*se et operas suas ac personam locavit et concessit*) au très illustre seigneur Francesco de Puteo de Parme, présent, recevant et acceptant pour l'année prochaine à venir, étant entendu que ledit Pietro s'établira dans la ville de Parme ou dans son diocèse, dans le lieu prévu par ledit seigneur Francesco. Il devra être rendu dans ce lieu juste après la prochaine fête de la naissance de notre Seigneur Jésus Christ, selon la volonté du seigneur Francesco, et il devra rester dans ce lieu, dans la ville ou le diocèse de Parme de façon continue pendant toute l'année à venir.

Le même Pietro est tenu pendant toute l'année dite de travailler à imprimer (*insistere in laboreriis et operibus imprimendis*) de façon continue les jours ouvrables (*diebus laboratoriis*), selon ce qui lui sera demandé par le seigneur Francesco, et par d'autres en son nom. Il est tenu de rester en cet endroit et de réaliser ce travail d'impression (*operibus imprimendis*) de bonne façon et avec diligence, selon l'arbitrage d'hommes honnêtes, d'imprimer et faire imprimer tous les volumes ou livres qui lui seront livrés selon ce que ledit Pietro pourra. Il est tenu de même de rester en résidence de façon continue dans la dite ville et diocèse de Parme, comme il a été dit plus haut, envoyé par ledit seigneur Francesco, et de faire toutes les choses nécessaires et opportunes qu'il pourra, sauf qu'il n'est pas tenu de fondre les lettres mais de les faire fondre et de donner les formes en étain des lettres qu'il souhaite faire. Il est tenu d'avoir dans tout l'accomplissement de ces choses un soin, un comportement et une attention louable et selon l'arbitrage d'hommes honnêtes.

Ledit seigneur Francesco a promis de donner et payer ledit Pietro présent etc. chaque mois dans la ville de Bologne ou de Parme, selon ce qu'il plaira à Pietro, deux ducats larges et demi d'or bon et bien pesé, pour son travail et salaire (*pro eius mercede et labore ac salario*), et de même de subvenir pendant toute la durée prévue aux dépenses de nourriture, de boisson et d'habitation, selon l'arbitrage d'hommes honnêtes, aux frais du seigneur Francesco. Il a promis de même de donner audit Pietro présent un volume ou livre de chaque œuvre ou auteur à imprimer pour le compte du seigneur Francesco de la main de Pietro (*imprimendi et stampandi ad instantiam ipsius domini Francisci et per manus ipsius Petri*). Et par ce contrat, le seigneur Francesco est tenu de donner et livrer audit Pietro présent et dans la durée prévue tous les biens nécessaires et opportuns pour l'impression de ces volumes.

Par ce contrat, les parties ont convenu que s'il arrivait que ce travail (*laboreriis*) cesse dans le temps de ce contrat (*locatio*), à cause de ou par défaut du seigneur Francesco et non à cause de Pietro, en ce cas il ne lui faut pas moins s'en acquitter et il est tenu de donner son salaire audit Pietro selon les modalités prévues etc. Alors que ce contrat entre lesdites parties aura été conclu depuis six mois, ledit seigneur Francesco peut choisir de continuer ce contrat jusqu'à la fin de l'année ou non. De même ledit Pietro peut choisir au bout de six mois s'il continue ce contrat jusqu'à la fin de l'année ou non, sauf s'il avait commencé à imprimer une œuvre et qu'elle n'était pas parfaitement et totalement imprimée ; en ce cas, ledit Pietro est tenu de poursuivre ce contrat (*locatione*) jusqu'à la fin de l'année, selon les modalités susdites, s'il plait au seigneur Francesco.

Ce contrat (*locatio*) etc. Avec promesse réciproque etc. Sous peine de cent ducats d'or et promesse réciproque etc. Réparation des dommages et obligations réciproques des biens etc. Renonciation aux bénéfices etc. Serments.

Fait à Bologne, dans la chapelle de Santa Cecilia, dans l'ancienne maison du magnifique et généreux chevalier et seigneur Giovanni de Bentivoglio, dans la chambre du dit seigneur Francesco. Présents Domenico fils du défunt Bartolomeo de'Libri, citoyen de Bologne de la chapelle Santa Maria de Muradellis, le seigneur Nicolas Pietro de'Baldinoti de Pistorio, habitant Bologne à la chapelle Santa Cecilia,

Giovanni Maria fils de Bartolomeo de Marinis de la chapelle San Tomà de Mercato, Alexandro fils du *ser* Ludovico de Roffeno de la chapelle San Lorenzo de la porte Stei et moi, notaire mandaté par les parties, témoins etc.

Acte de moi Nicolò Beroaldo, notaire de Bologne et de la cour épiscopale de Bologne.

BOLOGNE, 31 JANVIER 1475

Source : Archivio di Stato di Bologne, Notai del distretto, b. 345, n° 417.
Édition : Sorbelli, Tavoni, Rossi et Temeroli, 2004, doc. XLVIII.

Ce contrat renouvelle l'accord concernant l'édition du *Repertorium Brissiensis*. Il précise les modalités de travail de l'imprimeur, Andrea Portilia : le nombre de presses, le rythme de travail minimal, la nécessité de faire réaliser les caractères typographiques. La part du salaire des ouvriers est faible : 1,5 ducats par mois. Comme pour d'autres contrats, l'unité du « cahier » ou *quinternion* est peu claire : il semble évident qu'il s'agit d'une unité communément admise par les acteurs, mais sans que nous puissions véritablement l'identifier à un quinternion codicologique.

On remarquera également que contrairement aux autres contrats, celui-ci fait la part belle à une expertise sur ces différents domaines, de façon plus précise que la formule habituelle *arbitrio boni viri*, mais en utilisant d'autres tournures qui renvoient à une compétence pratique et technique spécifique, liée à l'imprimerie.

[Associés pour le *Repertorium Brissiensis* avec le maître Andrea Portilia]

Mille quatre cent soixante-quinze, huitième indiction, dernier jour du mois de janvier etc.

Le respectable étudiant en droit seigneur Girolamo fils du défunt Pietro de'Butigheri, *ser* Giovanni Battista fils du défunt *ser* Jacobo de'Grassi, citoyen et notaire de Bologne, et Lazzaro fils du défunt Giovanni della Pena, bedeau de l'université des étudiants de Bologne, en leur nom et au nom de *ser* Pietro Aimerici, citoyen et notaire de Bologne, ont promis de s'associer pour imprimer le *Repertorium* du seigneur Bartolomeo de

Brescia (*sic*), tous pour une part, et maître Andrea Portilia de Turin, imprimeur de lettres imprimées (*impressor seu stampator litterarum ad stampam*) pour une autre part. Ils ont confirmé le contrat, les promesses et conventions réalisées entre eux au sujet de l'impression de ce *Repertorium*, et ont conclu unanimement ce qui suit :

D'abord, que le maître Andrea est tenu et a promis d'imprimer (*stampare et seu imprimere*), lui-même ou par d'autres, diligemment et selon l'arbitrage d'hommes honnêtes, sans faute ni fraude par la suite, chaque partie du *Repertorium* qui lui a été transmise par les associés, avec des lettres et des formes imprimées semblables (*de simili littera et impressura litterarum*), jusqu'à l'achèvement du dit *Repertorium*. Et il fera cela dans la maison où sont présentes les presses dédiées à l'impression, située à Bologne près des murailles communes, dans la rue médiane et autres confins. Et de sorte que les associés sont tenus de lui livrer trois presses dédiées à l'impression, pour tout le mois à venir environ. Pendant ce temps, il est tenu de travailler avec ces presses présentes dans cette maison ; et sur ces trois presses qui lui seront livrées, deux presses seront présentes avec tout le matériel nécessaire.

De même, le maître Andrea est tenu de fondre et réaliser toutes les lettres nécessaires et opportunes, lui-même ou par d'autres, pour en équiper toutes les presses à ses frais pendant tout le mois à venir ou environ.

De même, les associés sont tenus de donner à leurs frais au maître Andrea toute la quantité de métal, d'étain et de plomb nécessaire pour la mise en ordre de ces presses et pour tous les instruments nécessaires à l'entretien de ces presses.

De même les associés ont convenu de donner et de livrer à Andrea toute la quantité de papier royal (*carte realis*) nécessaire et opportun pour l'impression de chaque partie du *Repertorium Brissiensis*, et qui devra être livré par les associés le moment venu et, à leurs frais, de lui donner l'exemplaire (*exemplare seu exemplum*) de ce *Repertorium* selon lequel il peut et doit l'imprimer.

Le maître Andrea ne peut pas ni ne doit ni n'a l'autorisation, ouvertement, publiquement ou en secret, d'imprimer pour quelqu'un d'autre un autre ouvrage, tant qu'il n'a pas achevé l'impression de chaque partie du *Repertorium* qui lui a été transmise. Et ainsi il doit commencer ce travail immédiatement selon la volonté des associés, et s'y attacher et le poursuivre de façon continue selon l'arbitrage d'hommes honnêtes.

Pour son travail et son salaire (*pro mercede et labore ac sallario*), les associés ont promis de donner au maître Andrea trente ducats d'or pour chaque cinq cahiers (*quinternis*) imprimés aux frais du maître Andrea. Sur ces trente ducats, ils ont promis de les donner au maître Andrea selon le terme et la forme qui suit : pour chaque cahier imprimé et livré par le maître Andrea, quatre ducats et demi ; le reste, c'est à dire un ducat et demi sur les six pour chaque cahier, les associés ont promis de le payer au nom de maître Andrea et à son compte aux ouvriers et compositeurs (*garzonibus seu compositoribus*) et à tous ceux qui auront travaillé sur l'œuvre bresciane à leur demande, pour part et totalité de leur salaire et travail (*salario et mercede*). Et tout le reste de ce qu'ils devront au maître Andrea, ils ont promis de le donner dans les deux mois suivant le moment où l'impression du *Repertorium* sera complètement achevé, et pas avant.

Ainsi maître Andrea a promis et est convenu auprès des associés présents, de livrer et consigner chaque cinq cahiers bien imprimés avec les lettres semblables, au fur et à mesure qu'ils seront entrepris ou que cet ouvrage aura été entamé, selon le jugement d'experts en ces matières (*iuditium cuiuslibet periti in similibus*), pour trente ducats comme dit précédemment, tous les frais et dépenses étant à maître Andrea, sauf ce qui est dit plus haut. Et il est tenu de livrer ces cahiers qu'il a imprimés de façon correcte, sans aucune diminution et selon l'exemplaire qui lui a été transmis, sans fraude, ni vice, ni tache, ni dommage. Et ainsi il est tenu et il a promis aux associés présents de donner et de consigner chaque mois deux cahiers pour chaque presse, sans exception. Et au cas où il aurait livré plus de deux cahiers chaque mois et par presse, ils sont tenus de le payer à raison de ce qui a été prévu ci-dessus.

De même le maître Andrea est tenu et doit donner et livrer aux associés présents etc. des comptes justes du papier qu'ils lui auront livré, ainsi que des quantités de plomb, d'étain et d'autres métaux, des lettres faites et achevées selon la quantité qui lui avait été transmise, sans fraude ni dommage et selon l'arbitrage d'hommes experts en ces matières (*arbitrium cuiuscumque viri in similibus experti*). Et l'accord qui a été convenu entre les différentes parties stipule que s'il arrivait que le maître Andrea cesse ou omette de livrer deux cahiers chaque mois par presse, bien imprimés et complets, ou cesse d'observer les promesses qu'il a faites aux associés, alors en ce cas, le maître Andrea doit et a promis de régler et de satisfaire les associés de tous les dommages, frais, dépenses et intérêts qui seraient survenus en raison de ce manquement du maître Andrea ou de toute autre personne, selon le jugement de personnes expertes et compétentes en ces matières (*iuditium cuiuscumque in similibus pratici et experti*), à la demande de ces mêmes associés, sans interpellation, protestation ou requête faite par le maître Andrea.

Les parties ont convenu ensemble que, s'il arrivait durant cette période que les associés omettent, cessent ou diffèrent de livrer ce qu'ils doivent au maître Andrea, en raison d'un manque de papier, d'exemplaire, d'étain, ou de plomb, en ce cas les associés sont tenus de satisfaire à tous les dommages, dépenses et intérêts que le maître Andrea souffrirait à l'occasion d'un arrêt du travail (*cesssationis laborerii*) en raison de l'absence de livraison du papier, de l'exemplaire et de l'étain, selon l'évaluation des personnes compétentes en ces matières (*secundum taxam cuiuscunque pratici in similibus*) etc. sans contradiction. Les parties agissantes sont convenues que le maître Andrea est tenu et a promis que dans tous les cas et dans toutes les conditions non comprises dans ce contrat, il fera tout le nécessaire pour tenir ces promesses, aux frais et dépenses de maître Andrea, à ses risques, dommages, charge et incommodité etc.

Et tout cela etc. avec promesse réciproque etc. sous peine de cent ducats d'or et promesse solennelle réciproque etc. et ainsi fait etc. réparation réciproque des dommages et des dépenses etc. Obligations réciproques des biens etc. serments selon l'usage des Anciens etc. Ratifiant etc.

Fait à Bologne dans le palais épiscopal, dans la chambre de la résidence du syndic des pauvres. Présents le seigneur Francesco de Cecilia, étudiant de Bologne, le seigneur Giovanni Battista de Cossis, *mansionarius* de Bologne, *ser* Giovanni Battista de Cedrophano, citoyen et notaire de Bologne, qui disent etc. témoins etc.

Acte de moi Nicolò Bonifati Beroaldo notaire de Bologne à la Cour épiscopale de Bologne.

BOLOGNE, 8 FÉVRIER 1475

Source : Archivio di Stato di Bologne, Notai del distretto, b. 345, n°406.
Édition : Sorbelli, Tavoni, Rossi et Temeroli, 2004, doc. XLIX.

Ce contrat témoigne de l'impatience des associés à propos de l'édition du *Repertorium* et fait intervenir un nouvel imprimeur, Stefano Andrioti de Lecce, qui doit commencer l'impression avec une presse, dans l'attente qu'Andrea Portilia puisse le faire avec trois. Il poursuit certaines des évolutions du contrat précédent (*Cf.* Bologne, 31 janvier 1475), en détaillant quelques aspects pratiques du travail, en laissant la place à l'expertise ou aux usages du métier d'imprimeur, notamment pour l'unité des *quinterniones* dont il est bien précisé qu'il faut comprendre par ce terme « ce que les imprimeurs entendent dans leur travail ».

[Associés du *Repertorium Brissiensis* avec maître Stefano imprimeur
Copie authentique donnée]

Mille quatre cent soixante-quinze, huitième indiction, huitième jour du mois de février, sous le pontificat de notre très saint seigneur pape Sixte IIII

Le respectable seigneur Girolamo fils du défunt Pietro de'Butigheri, étudiant en droit, citoyen de Bologne, *ser* Giovanni Battista fils du défunt *ser* Jacomo de'Grassi, citoyen et notaire de Bologne, et Lazzaro fils du défunt Giovanni della Pena, bedeau général de l'université de la ville de Bologne, en leur nom et au nom des autres associés dans l'entreprise de l'impression du *Repertorium iuris* du seigneur Pietro de Brescia d'une part, et maître Stefano Andrioti de Lecce, imprimeur de lettres imprimées (*impressor seu stampator litterarum ad stampam*) d'autre part, volontairement et unanimement ont renoncé à tous les autres instruments, conventions et promesses faites par eux et entre eux à l'occasion de l'impression du dit *Repertorium* de Brescia, faites et accomplies de quelque teneur et contenu que ce soit, ratifié par quelque notaire que ce soit, et unanimement se sont absouts de ces obligations.

Et à la suite de cela, les associés déjà cités, sachant que cette année, le dernier jour de janvier, il s'est conclu un contrat et des conventions signées par eux au sujet de l'impression et de la fabrication du *Repertorium* avec le maître Andrea Portilia de Turin, afin qu'il soit le plus vite possible de l'amener à son total accomplissement, avec les modifications, le salaire (*salario*), les promesses et convention décrites dans l'instrument réalisé et ratifié par moi, notaire cité ci-dessus, à l'année et au jour dit ci-dessus, et lesdits associés voulant agir avec diligence, afin que de cette manière la réalisation due de l'ouvrage du *Repertorium* puisse s'en suivre très vite et rapidement, pour cette raison, ils ont établi et ont conclu au sujet de la fabrication de l'impression du *Repertorium* avec le maître Stefano imprimeur les pactes, accords, promesses et obligations suivantes :

En effet, ledit maître Stefano, qui a assuré aux associés présents être un bon et compétent maître expert et imprimeur de livres imprimés (*praticus bonus sufficiens et expertus magister et impressor librorum ad stampam*), et avoir exercé ce travail bien et diligemment de ses propres mains (*dictum exercitium bene et dilligenter exercuisse et propriis manibus fecisse*), a volontairement promis et s'est obligé envers les associés présents de travailler, d'imprimer et de fabriquer (*laborare imprimere stampare*) diligemment, d'imprimer (*fabricare stampando*) selon l'arbitrage d'hommes honnêtes, et d'achever toute quantité et somme de cahiers et de feuilles (*quinternorum et cartarum*) de cette œuvre bresciane pour les associés, ou d'assigner quelqu'un d'autre pour le faire, selon la volonté de ces associés ou d'autres parmi eux. Il a promis d'imprimer bien et louablement cette impression, correcte et corrigée, sans diminution, vice ou erreur, et selon l'exemplaire qui lui aura été transmis par ces associés ou d'autres ; et de les livrer à ces associés ou à d'autres parmi eux immédiatement après l'achèvement et l'impression de chaque cahier ou feuille imprimée (*quinterni quaderni aut carte impressi et impressorum imprimendorum*). Continument et jusqu'à ce qu'il plaise aux associés, Stefano est tenu de travailler (*laborare*) et de poursuivre l'impression de cette œuvre ; et jusqu'à ce que soit achevé la totalité de ce *Repertorium*, il ne peut pas pendant cette période travailler sur un autre ouvrage sans autorisation expresse des associés.

Stefano est tenu de remettre des comptes corrects du papier qui lui sera fourni ainsi que des lettres, des presses et de toute autre chose que les associés lui livreront. Immédiatement après qu'il a cessé l'impression et la fabrication de cette œuvre, il doit les restituer et livrer aux associés, sans aucune diminution, fraude, dommage, délai ou exception. Cependant, les associés sont tenus de fournir une presse au maître

Stefano pour son travail et son impression, jusqu'au moment où le maître Andrea travaillera à cet ouvrage avec trois presses. Et pour autant, le maître Stefano est tenu avant, après et pendant qu'Andrea travaillera, de travailler et imprimer (*laborare et imprimere*) cette œuvre comme il a été dit, en suivant la volonté des associés.

Et en retour, les associés ont promis volontairement de donner et de livrer à Stefano une presse à imprimer avec les lettres, les jantes (*vitibus*) et les autres instruments nécessaires et opportuns pour imprimer, et toute la quantité de papier nécessaire pour imprimer ces cahiers, qui seront livrés par Stefano, et un exemplaire, avec lequel il doit imprimer dans la durée prévue.

Et pour son salaire et son travail (*pro stipendio salario et mercede*), les associés ont promis de donner et payer à Stefano pour chaque cinq cahiers (*quinternis*) comptés et inclus dans l'ouvrage du *Repertorium*, selon l'usage des imprimeurs (*secundum stillum impressorum*), trente ducats larges en bon or et bien pesé, ou autant de bonne monnaie en usage à Bologne équivalente à trente ducats, selon les modalités, la forme, et les termes ci-dessous : à savoir donner et payer à Stefano quatre ducats et demi ou autant de monnaie équivalente, pour chaque cahier imprimé du *Repertorium* par Stefano, entendant un cahier selon ce que les imprimeurs entendent généralement dans leur travail (*intelligendo dictum quinternum prout impressores in laborando comuniter intelligunt*), immédiatement quand Stefano aura livré et consigné le cahier ou les cahiers imprimés aux associés ou à d'autres parmi eux. Le reste de la totalité, selon ce que le maître Stefano travaillera à raison de ce qui a été dit précédemment etc., ils ont promis de le payer à Stefano présent etc. après l'achèvement de la totalité de l'impression de l'œuvre du *Repertorium* dans les deux mois qui suivent, et pas avant ni autrement.

Et par ce pacte conclu entre lesdites parties, le maître Stefano est tenu et a promis de supporter à ses frais toutes les dépenses nécessaires, opportunes et utiles pour ce qui a été dit et pour leur expédition, y compris celles non spécifiées dans cet instrument, selon la forme, le lieu, le temps opportuns et sans fraude ni dommage.

Et tout cela etc. Avec promesse réciproque à raison etc. sous peine de cent ducats d'or par promesse réciproque etc. ainsi fait etc. Réparation réciproque des dommages et des dépenses etc. obligations réciproques des biens etc. Renonciation aux bénéfices etc. serments selon l'usage des Anciens etc. Ratifiant etc.

Fait à Bologne dans l'église cathédrale San Pietro de Bologne dans la chapelle nouvelle. Présents le vénérable seigneur Girolamo de'Grassi de Cretona docteur de l'université de Bologne, le seigneur Giovanni Battista de Cossis *mansionarius* de Bologne, Pellegrino Musin de Gugio notaire public juré à la cour épiscopale de Bologne et le seigneur Battista… de Sicile compositeur. Et ils dirent etc. Témoins etc.

Acte de moi Nicolò Beroaldo notaire de Bologne à la Cour épiscopale de Bologne

BOLOGNE, 17 AVRIL 1475

Source : Archivio di Stato di Bologna, Notai del distretto, b. 345, n° 374.
Édition : Sorbelli, Tavoni, Rossi et Temeroli, 2004, doc. LIV.

Ce document est le dernier que nous présentons ici concernant l'impression du *Repertorium Brissiensis*. L'impression trainant en longueur et l'ajout de nouvelles presses n'ayant pas suffi (*Cf.* Bologne, 8 février 1475), Andrea Portilia fait intervenir un autre imprimeur, Jacobo Cevenini, notaire, qui reçoit de l'ancien imprimeur les presses et tout le matériel d'impression. Cette impression, dont les premiers contrats datent de 1473, semble être achevée en 1478 (Rossi, 2004, p. 82). Ce document ne comporte aucune précision nouvelle sur l'organisation du travail, mais permet de suivre indirectement les difficultés de l'exécution du travail d'Andrea Portilia.

[Accords sur le *Repertorum Brissiensis*
Ser Jacobo Cevenini notaire et maître Andrea Portilia]

Mille quatre cent soixante-quinze, huitième indiction, lundi dix-sept du mois d'avril, sous le pontificat de notre très saint seigneur, le pape Sixte IIII.

Le prudent maître Andrea Portilia de Turin, maître des livres imprimés (*magister librorum ad stampam*), habitant de Bologne à la chapelle San Proculo, fut et a été dans l'obligation d'imprimer (*imprimendum et stampandum*) le *Repertorium Brissiensis* pour les illustres Girolamo de'Butigheri, *ser* Giovanni Battista de'Grassi et Lazzaro Giovanni della Pena et *ser* Pietro Aimerici, tous associés pour l'impression de cette œuvre et de ces volumes du *Repertorium*, selon les modalités, la forme, le lieu et le temps, et pour le prix (*precio*) comme il apparaît dans l'accord, les clauses et les conditions contenues dans l'instrument écrit et ratifié par moi, notaire, cette année le dernier jour du mois de janvier passé. Et à présent, de par l'accord et la volonté de Girolamo et de *ser* Giovanni Battista de'Grassi associés, en leur nom et au nom des autres associés pour l'impression du *Repertorium*, tout en préservant les droits de *ser* Giovanni Battista envers le seigneur Girolamo et associés, tant de la manière dont cela est précisé dans l'instrument ratifié par moi notaire, et que pour toutes les autres affaires et questions des associés avec le maître Andrea Portilia, leurs droits et leurs biens, et inversement concernant les affaires du maître Andrea avec les associés, en vertu des éléments mentionnés, volontairement, maître Andrea a substitué et a délégué à *ser* Jacobo… Cevenini, citoyen et notaire de Bologne présent, acceptant de réaliser la fabrication du dit *Repertorium* et d'assurer toutes les dépenses contenues dans ledit instrument selon les promesses faites par le maître Andrea aux associés, ratifié par moi notaire, cette année le dernier jour de janvier passé, selon les modalités, la forme, le lieu et le temps, et pour le prix compris dans cet instrument, et selon ce que le même Andrea est tenu de faire selon ledit instrument.

Et en retour, *ser* Jacobo a promis et est convenu expressément envers le maître Andrea présent et lesdits associés présents de fabriquer ledit *Repertorium* et de dire, faire, observer et appliquer tout que ce que le maître Andrea est tenu et est obligé de faire envers les associés, selon les modalités, la forme, le lieu et le temps, et pour le prix compris dans cet instrument. Concernant cet instrument et son contenu, *ser* Jacobo et maître Andrea, à la demande l'un de l'autre, et en présence de moi, notaire, ont dit, ont affirmé et ont publiquement reconnu en avoir bonne connaissance et intelligence.

Et successivement, tous les suscités ayant signé de leur main, le seigneur Girolamo, *ser* Giovanni Battista, associés et au nom des autres associés, et ledit Andrea Portilia, volontairement se sont absous et se sont libérés réciproquement de tout ce qu'ils pouvaient demander jusqu'alors pour cette affaire. [Par cet accord, le maître Andrea est tenu de donner immédiatement à Jacobo les presses, les lettres, les formes et tous les autres instruments nécessaires pour imprimer, et qui se trouvent chez lui et qu'il a possédé et possède etc.]

Tout cela etc. avec promesse réciproque etc. sous peine de cent ducats d'or réciproquement etc. ainsi résolu etc. en réparation des dommages et obligation des biens réciproque etc. renonciation aux bénéfices etc.

Fait à Bologne dans l'église cathédrale San Pietro, près de l'autel majeur. Présents Ercole de Auro, citoyen et notaire de Bologne, qui a dit etc. ; le seigneur Domenico de Bastis, clerc de Bologne ; et Pellegrino Musino, nonce public et juré de la cour épiscopale de Bologne ; témoins etc.

Acte de moi Nicolò Beroaldo, notaire de Bologne et de la cour épiscopale de Bologne etc.

BOLOGNE, [1476]

Source : Archivio di Stato di Bologna, Notai del distretto, b. 620.
Édition : Sorbelli, Tavoni, Rossi et Temeroli, 2004, doc. LXXXVI.

Ce contrat sans date a été initialement placé en 1473 ; mais l'édition dont il est question et qui est déjà achevée le jour du contrat est explicitement datée de 1476[10], ce qui conduit les éditeurs du *Corpus Chartarum* à le placer à cette date, dans la lignée de Lino Sighinolfi (1913).

Il fait suite à un premier accord d'association qui n'est pas connu. Il associe Carlo Visconti, un conseiller important du duc de Milan, Francesco dal Pozzo, humaniste et pédagogue déjà impliqué dans l'imprimerie à Bologne depuis 1470, et Sigismondo de'Libri (Fava, 1941). Celui-ci était un des principaux libraires de la ville, actif dans le commerce de manuscrits, en lien notamment avec l'université ; il s'intéresse rapidement à l'imprimerie, à l'image d'autres grands libraires en Italie comme Bartolomeo Lupoto à Gênes, qui finance également des éditions sans pour autant abandonner le manuscrit (Pistarino, 1961).

Cette société éditoriale embauche l'imprimeur Annibale Malpigli, qui avait déjà travaillé avec Francesco dal Pozzo dans le cadre de la première association bolognaise connue en 1470 (*Cf.* Bologne, 25 octobre 1470). L'impression de l'édition de la *Repetitio capituli « Cum contingat » de iure iurando* de Giovanni de Imola semble achevée, mais les associés paraissent trainer à récupérer les cahiers imprimés et à payer l'imprimeur, ce qui entraîne Malpigli à saisir le

10 Johannes de Imola, *Repetitio capituli*, Bologne, 1476, n° ISTC ij00348000.

vicaire du podestat et à demander le respect du contrat dans les trois jours pour pouvoir continuer à imprimer, à payer l'imprimeur et à lui fournir le texte et le papier pour l'impression de la prochaine édition. Les tensions liées à l'approvisionnement continu en matière première pour l'impression sont récurrentes dans ces premières années de l'imprimerie. On soulignera qu'Annibale ne fait pas partie de la société, ce qui était le cas en 1470, et qu'il reçoit ici un paiement comptant à la tâche.

Les précisions matérielles concernant l'édition sont parmi les plus détaillées dans un contrat d'impression de cette époque et sont pratiquement respectées à la lettre près dans l'édition conservée (fig. 4). Elles semblent avoir notamment pour objectif d'assurer une occupation dense de la page, celle-ci ayant tendance à augmenter au cours des premières décennies de l'imprimerie (Bozzolo, Muzerelle, Coq, 1997 ; Krumenacker, 2022).

Le magnifique et généreux vicomte Carlo, référendaire de l'illustre seigneur duc de Milan, et le seigneur Francesco fils du défunt Melchione de Parme, en ce moment habitant à la chapelle San Cathaldo de Lambertini, et Sigismondo fils du défunt Gaspar de'Libri, citoyen de Bologne de la chapelle Sant'Andrea de Ansaldis en son nom et au nom d'Alvisio son frère ainsi que de son neveu, chacun pour soi et pour sa part a promis etc.

Ces associés pour l'exercice et l'activité d'imprimer et de faire imprimer des livres par le contrat de ladite société (*societatis*), ainsi qu'ils l'ont attesté par un acte fait devant le notaire Augustino fils d'Antonio fils du défunt Martino Guidoni, ont engagé (*conduxerunt*) le distingué maître en arts et en médecine Annibale Malpigli, citoyen de Bologne, et le travail et l'industrie (*operas et industriam*) du dit maître Annibale ici présent pour imprimer ou faire imprimer des livres jusqu'à atteindre la nombre de volumes, qui doit être de trois cents cahiers (*quinterni*) et jusqu'à cinq cents volumes par œuvre[11], et moins bien sûr selon ce qui sera convenu dans les termes des accords conclus par les partenaires.

D'abord, ledit maître Annibale est tenu et est obligé de faire imprimer et d'imprimer ces livres jusqu'à la quantité et le nombre dits précédemment, en moins grande quantité s'il sera jugé bon par les associés, bien, diligemment et fidèlement selon l'arbitrage d'hommes

11 Passage peu clair au regard de la matérialité des volumes.

honnêtes, toutes les dépenses étant assurées par maître Annibale, à l'exception de celles que les associés et employeurs sont tenus et obligés d'assurer : ils promettent audit maître Annibale de donner et transmettre tout le papier nécessaire ; et cela de façon continue durant l'accomplissement de la tâche (*laboratura*). Et maître Annibale est tenu de faire travailler, de faire imprimer et d'imprimer (*facere laborari, stampari et imprimere*) ces livres avec trois presses au moins. Il est tenu de faire imprimer ces livres sur du papier royal (*cartis realibus*)[12] fourni par lesdits associés, sur deux colonnes, lesquelles doivent avoir chacune soixante lignes, et chaque ligne doit avoir trente lettres au moins, avec une bonne encre et des lettres neuves. Et il doit continuer à imprimer selon l'arbitrage d'hommes honnêtes jusqu'à ce que les exemplaires soient transmis.

Il est tenu de livrer les cahiers au fur et à mesure (*de quinterno ad quinternum*) à Sigismondo de ladite société, cité ci-dessus, dans la mesure où les associés ou le même Sigismondo envoie ou envoient pour ces cahiers audit maître Annibale l'argent par cahier imprimé et consigné selon les modalités et conditions et sous les peines prévues dans l'instrument fait entre eux, écrit et consigné par Augustino fils d'Antonio fils du défunt Martino Guidoni notaire, qu'il a effectivement présenté et exhibé devant le seigneur vicaire et qu'il a laissé et déposé chez moi, notaire des acteurs ci-dessus.

Et maître Annibale cité ci-dessus, suivant et voulant suivre la teneur et les effets de l'instrument cité, a commencé à faire imprimer les *Repetitiones Super Capitulo* du seigneur Giovanni de Imola, puisque cela lui est échu par serment et par le mandement et la commission des dits associés. Il a déjà fait imprimer toute la *Repetitio* et il est prêt à les transmettre et à les livrer à Sigismondo, celui-ci les recevant au nom de la société. De sorte que Annibale donne satisfaction aux associés selon les modalités et la forme prévues dans ledit instrument, à raison de cinq ducats par cahier.

Afin que personne parmi lesdits Carlo, maître Francesco et Sigismondo ne puisse prétendre ignorer ou trouver des excuses, et selon le mandat du seigneur vicaire du seigneur podestat de la cité de Bologne, il est intimé, notifié et protesté audit Carlo, maître Francesco et Sigismondo

12 Il s'agit de papier de grand format. Voir (Bellingradt, 2021).

et à chacun d'eux, tant conjointement que séparément, qu'eux-mêmes ou ledit Sigismondo doivent envoyer ce qui est dû pour lesdits cahiers des *Repetitiones* et de même les recevoir, et donner satisfaction au maître Annibale du salaire et des gages (*sallario et mercede*) promis et contenus dans ledit instrument, dans les trois jours à compter de la date de notre présente déclaration et comme suit.

Il s'en suit que, si Carlo et ses associés souhaitent faire imprimer une autre œuvre en papier royal (*realibus*) par ledit maître Annibale, selon la forme et la teneur de cet instrument, ils doivent dans un délai de trois jours, comme dit plus haut, donner au maître Annibale le papier, ainsi que l'exemplaire, de sorte que ni le papier ni l'exemplaire ne manquent jusqu'à l'achèvement de ce travail (*complementum dicti operis*).

Comme il apparaît que le maître Annibale a fait imprimer cette œuvre et fait commencer sans tarder et fait toutes les choses qu'il a promises auxdits Carolo, maître Francesco et Sigismondo, selon la forme et la teneur du dit instrument, s'il en était autrement du fait de l'un ou des autres associés, il protestera auprès d'eux individuellement ou collectivement, en vertu des peines imposées par les statuts de la commune de Bologne et surtout des peines prévues dans ledit instrument.

Et de même, en cas de manquement de l'un ou des autres associés, ledit maître Annibale vendra et aliénera ses presses.

Et tous ces choses furent faites à l'instance et à la demande du dit maître Annibale et ses représentants.

Tiré des actes de Gasparo Mingoli, notaire[13].

13 Ce paragraphe est écrit d'une main différente.

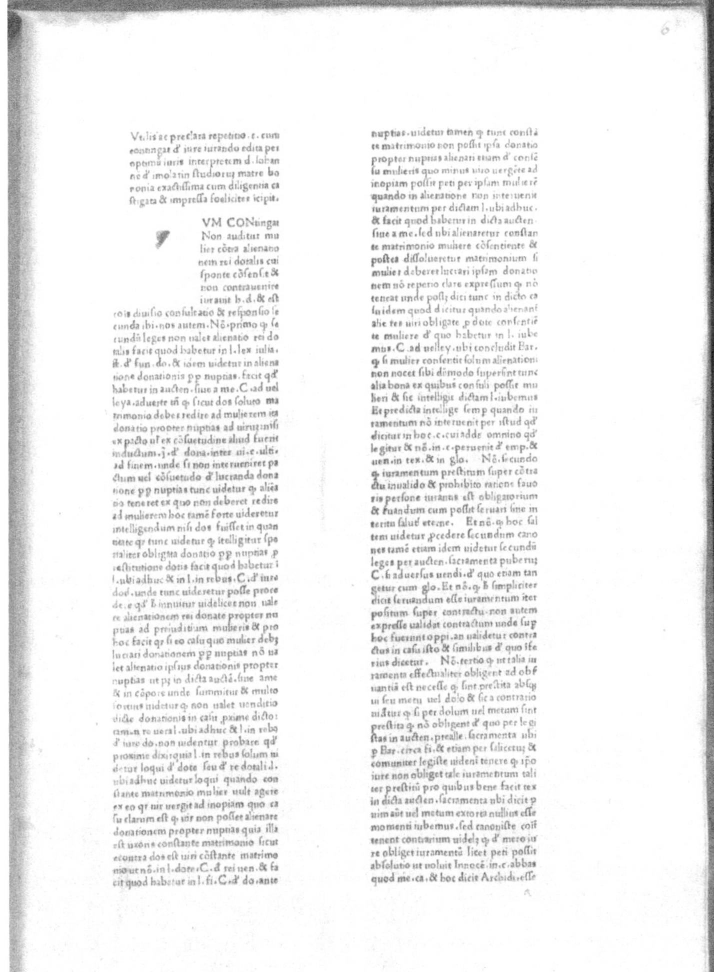

Vtilis ac preclara repetitio. c. cum
contingat d' iure iurando edita per
optimū iuris interpretem d. Iohan
ne d' imola in studiorū matre bo
nonia exactissima cum diligentia ca
stigata & impressa foeliciter icipit.

VM CONtingat
Non auditur mu
lier cōtra alienatio
nem rei dotalis cui
sponte cōsensit &
non contrauenire
iurauit h. d. & est
cois diuisio consultatio & responsio se
cunda ibi. nos autem. Nō. primo q se
cundū leges non ualet alienatio rei do
talis facit quod habetur in l. lex iulia.
ff. d' fun. do. & idem uidetur in aliena
tione donationis pp nuptias. facit qd'
habetur in auchen. siue a me. C. ad uel
leya. aduerte tñ q sicut dos soluto ma
trimonio debet redire ad mulierem ita
donatio propter nuptias ad uirum nisi
ex pacto uel ex cōsuetudine aliud fuerit
inductum. j. d' dona. inter ui. c. ulti.
ad finem. unde si non interueniret pa
ctum uel cōsuetudo d' lucranda dona
tione pp nuptias tunc uidetur q aliēa
tio teneret ex quo non deberet redire
ad mulierem hoc tamē forte uideretur
intelligendum nisi dos fuisset in quan
titate qr tunc uidetur q itelligitur spe
cialiter obligata donatio pp nuptias p
restitutione dotis facit quod habetur i
l. ubi adhuc & in l. in rebus. C. d' iure
dot. unde tunc uideretur posse proce
dere qd' h innuitur uidelicet non uale
re alienationem rei donate propter nu
ptias ad preiuditium mulieris & pro
hoc facit qr si eo casu quo mulier debz
lucrari donationem pp nuptias nō ua
let alienatio ipsius donationis propter
nuptias ut pz in dicta auctē. siue a me
& in cōpore unde summitur & multo
fortius uidetur q non ualet uenditio
dicte donationis in casu pxime dicto:
tamen re uera l. ubi adhuc & l. in rebo
d' iure do. non uidentur probare qd'
proxime dixi quia l. in rebus solum ui
detur loqui d' dote seu d' re dotali l.
ubi adhuc uidetur loqui quando con
stante matrimonio mulier uult agere
ex eo qr uir uergit ad inopiam quo ca
su clarum est q uir non posset alienare
donationem propter nuptias quia illa
est uxoris constante matrimonio sicut
econtra dos est uiri cōstante matrimo
nio ut nō. in l. dote. C. d' rei uen. & fa
cit quod habetur in l. fi. C. d' do. ante

nuptias. uidetur tamen q tunc consta
te matrimonio non possit ipsa donatio
propter nuptias alienari etiam d' conse
su mulieris quo minus uiro uergere ad
inopiam possit peti per ipsam muliere
quando in alienatione non interuenit
iuramentum per dictam l. ubi adhuc.
& facit quod habetur in dicta auchen
siue a me. sed ubi alienaretur constan
te matrimonio muliere cōsentiente &
postea dissolueretur matrimonium si
mulier deberet lucrari ipsam donatio
nem nō reperio clare expressum q nō
teneat unde possz dici tunc in dicto ca
su idem quod dicitur quando alienant
alie res uiri obligate p dote consentie
te muliere d' quo habetur in l. iube
mus. C. ad uelley. ubi concludit Bar.
q si mulier consentit solum alienationi
non nocet sibi dūmodo supersint tunc
alia bona ex quibus consuli possit mu
lieri & sic intellige dictam l. iubemus
Et predicta intellige semp quando iu
ramentum nō interuenit per istud qd'
dicitur in hoc. c. cui adde omnino qd'
legitur & nō. in. c. peruenit d' emp. &
uen. in tex. & in glo. Nō. secundo
q iuramentum prestitum super cōtra
ctu inualido & prohibito ratione fauo
ris persone iurantis est obligatorium
& seruandum cum possit seruari sine in
teritu salut' eterne. Et nō. q hoc sal
tem uidetur pcedere secundum cano
nes tamē etiam idem uidetur secundū
leges per auchen. sacramenta puberū
C. si aduersus uendi. d' quo etiam tan
getur cum glo. Et nō. q h simpliciter
dicit seruandum esse iuramentum iter
positum super contractu. non autem
expresse ualidat contractum unde sup
hoc fuerunt oppi. an ualidetur contra
ctus in casu isto & similibus d' quo infe
rius dicetur. Nō. tertio q ut talia iu
ramenta effectualiter obligent ad obs
uantiā est necesse q sint prestita absqz
ui seu metu uel dolo & sic a contrario
sēsus q si per dolum uel metum sint
prestita q nō obligent d' quo per legi
stas in auchen. preall. sacramenta ubi
p Bar. circa fi. & etiam per salicetuz &
communiter legiste uidentur tenere q ipso
iure non obliget tale iuramentum tali
ter prestitū pro quibus bene facit tex
in dicta auchen. sacramenta ubi dicit p
uim aūt uel metum extorta nullius esse
momenti iubemus. sed canoniste coīr
tenent contrarium uidelz q d' mero iu
re obliget iuramentū licet peti possit
absolutio ut uoluit Innocē. in. c. abbas
quod me. ca. & hoc dicit Archidi. esse

FIG. 4 – Johannes de Imola, *Repetitio capituli*, Bologne, Zampol Zaffone [Annibale Malpigli], 1476. Exemplaire de la BSB, 2 Inc.c.a 1705 a.

BOLOGNE, 15 JANVIER 1478

Source : Archivio di Stato di Bologna, Notai del distretto, b. 1153, 7/6.
Édition : Sorbelli, Tavoni, Rossi et Temeroli, 2004, doc. CIV.

Ce contrat revient sur un contrat précédent concernant l'impression de la *Cosmographie* de Ptolémée, qui a donné lieu à plusieurs interventions, notamment devant le Forum des marchands[14]. Un contrat du 8 septembre 1474 (*Cf.* Bologne, 8 septembre 1474) implique notamment des membres de la cour bolognaise de Giovanni Bentivoglio : Filippo Baldovini, chancelier et investisseur de l'association, Giovanni di Baldassarre Accursi de Reggio, associés à Taddeo Crivelli, Lodovico et Domenico Ruggeri. Le 22 avril 1474 (*Cf.* Bologne 22 avril 1474). En 1477, Domenico Lapi s'est ajouté à la société conclue en septembre 1474 : c'est à lui que l'impression est confiée[15]. Le contrat régule la livraison de matière première, des pages imprimées ainsi que la vente.

Mais les ventes sont faibles. Giovanni Accursi obtient ici la réduction de sa responsabilité à un quart de la somme complète à payer (Balsamo, 1983, p. 19). Des conflits récurrents ont lieu entre Domenico Lapi et lui (Sighinolfi, 1908). Cet accord témoigne des difficultés de rentabilité des premières entreprises typographiques et des négociations permanentes concernant la responsabilité de chaque partenaire, avec le poids important des investisseurs qui se fait parfois sentir sur ceux assurant la réalité du travail matériel ou du moins le coordonnant, comme ici Domenico Lapi.

Mille quatre cent soixante-dix-huit, IXe indiction, quinzième jour du mois de janvier, au temps de notre seigneur le pape Sixte IV.

Lors de l'année 1477 précédente, au mois d'avril de ladite année le noble homme *ser* Filippo de'Balduini, chancelier du magnifique et généreux chevalier seigneur Giovanni Bentivoglio et les frères Lodovico et Domenico, fils du défunt … Ruggeri et Giovanni fils de maître Baldassarre Accursi d'un côté, et maître Domenico fils du défunt Paul Lapi d'un autre côté, ont conclu cet accord selon la teneur qui suit.

14 Archivio di Stato di Bologna (ASBo), Foro dei Mercanti, 1478, vol. I, 14 mai 1478.

15 Ptolémée, *Cosmographia*, Bologne, Domenico Lapi, [1477], n° ISTC ip01082000.

Dans cet accord, ledit maître Domenico a promis aux seigneurs *ser* Filippo, Ludovico, Domenico et Giovanni d'imprimer ou de faire imprimer à ses frais cinq cents exemplaires de la *Cosmographie* de Ptolémée, en format royal (*in forma reali*), et dans une durée de deux mois et demi. Et lesdits Filippo, Lodovico et Giovanni et chacun d'eux de concert ont promis et se sont obligés de donner audit maître Domenico pour son salaire et son travail (*pro eius mercede et labore*) cent ducats d'or, de la manière suivante. Ledit maître Domenico doit attendre le retrait ou la vente par ledit Filippo et les associés cités précédemment de ces exemplaires et d'autres livres illustrés déjà imprimés, de sorte d'avoir déjà les premiers gains (*precio*). De ces premiers revenus (*pecuniis*) tirés de ces livres et des autres, il faut enlever et percevoir aussitôt et avant toute chose de quoi satisfaire maître Domenico et lui donner les cent ducats d'or. Dans l'intervalle de l'impression de ces exemplaires des livres de Ptolémée, il est permis au maître Domenico de garder auprès de lui tous les exemplaires jusqu'au moment où il aura eu satisfaction comme il l'a été précisé.

Une fois que les cinq cents exemplaires seront imprimés comme dit précédemment, *ser* Filippo et les autres déjà cités sont tenus et doivent aussitôt consigner et donner au maître Domenico cinquante livres parmi les livres des associés, finis, illustrés et peints (*perfectis, figuratis, pictis*). Alors, le maître Domenico peut tout de suite vendre ces exemplaires pour la satisfaction intégrale de ce qui lui est dû pour son commerce et la vente de ces impressions (*dicte sue mercedis et precii eorum impressure*), pourvu qu'il ne vende pas ces exemplaires sans l'autorisation des deux parties. Par la suite, ledit maître Domenico est tenu de donner et consigner le reste des exemplaires à la disposition des associés, ainsi qu'il est convenu dans l'accord entre eux. Si dans les deux mois prochains qui suivront l'achèvement des exemplaires, ces livres n'ont pas été vendus et que le maître Domenico n'a pas reçu satisfaction des cent ducats et de son salaire (*mercede*), alors dans ce cas, *ser* Filippo et les autres associés seront tenus solidairement de satisfaire ledit maître Domenico de ces cent ducats pour son salaire (*mercede*) et de les lui payer sans exception.

Selon l'accord fait entre les parties, les associés doivent avoir cinq volumes (*volumina textuum*) par ducat, du moment que pour chaque ducat on ne compte pas plus de 30 cahiers (*quinterniones*). Et s'ils comprennent plus de trente cahiers (*quinternos*), lesdits associés sont tenus d'y suppléer et de payer au maître Domenico pour chaque cahier supplémentaire en proportion de trente cahiers par ducat.

Et cela est fait selon les modalités et la forme qui apparaît dans un écrit privé fait solennellement et écrit entre les parties, et d'un commun accord, par *ser* Roberto de Lombardi, citoyen et notaire bolognais, et souscrit des mains de toutes les parties et par des témoins dignes de foi.

Le seigneur maître Domenico veut et entend libérer Giovanni Accursi de ses obligations contractées en commun avec *ser* Filippo, Lodovico et Domenico Ruggeri, dans la mesure où Giovanni est tenu et obligé selon cet écrit. Pour cette raison, ledit maître Domenico volontairement et solennellement libère ledit Giovanni Accursi ici présent etc. de ses obligations faites en commun par seigneur Giovanni avec Filippo, Lodovico et Domenico au sujet des dits cent ducats, cassant et annulant cette clause commune apposée dans cet écrit et toute la force de ses mots, sa vertu, son efficacité et son obligation, voulant en droit et dans les faits et selon leur accord sous les plus grandes peines que ledit Giovanni ne soit plus lié avec les autres, sauf pour le quart de la partie le concernant, et qu'en ce qui concerne Giovanni, l'on passe par l'intermédiaire du juge, si cette clause n'est pas apposée dans cet écrit.

Maître Domenico a fait cela à Giovanni, présent, pour lui et ses héritiers, solennellement, stipulant la libération de ce contrat maintenant et pour toujours, et ne demandant pas l'application de cet écrit et de cette clause ou partie.

Ainsi, le même maître Domenico a fait ceci, parce que au contraire ledit Giovanni volontairement promet et convient solennellement audit maître Domenico ici présent etc. de lui donner et payer vingt-cinq ducats d'or, et cela jusqu'à et pour tout le mois de mars prochain, notamment dans la ville de Bologne etc. selon l'accord concernant les garanties etc.

Lesdites parties, faisant cela par accord solennel, stipulent que ledit maître Domenico peut, du moment qu'il agit dans l'intérêt de Giovanni et sans préjudice pour lesdits autres associés et contractants, donner, vendre et aliéner autant de volumes du dit texte et des livres illustrés ou peints qu'il en faut pour attendre la valeur de cent ducats, à raison d'un ducat et demi par volume au moins. De sorte qu'une fois les cent ducats issus de la vente des livres retirés et récupérés par maître Domenico, il est tenu de rendre et restituer audit Giovanni lesdits vingt-cinq ducats d'or, ou le quart des volumes, avant qu'il ne remette à ladite société le reste des volumes et images citées. En ce qui concerne l'autorisation de vendre lesdits volumes illustrés et peints jusqu'à la somme dite de cent ducats, ledit Giovanni l'a concédée seulement en ce qui concerne la part qui le concerne, cette autorisation étant présente dans l'écrit déjà cité, et pour la validité de laquelle on a besoin du consentement écrit de tous les membres et de l'autorisation de chacun d'eux, ledit maître Domenico affirmant et protestant qu'il n'entend pas porter préjudice auxdits associés, ni causer de dommage ou de préjudice, ou attenter à la forme de cet écrit.

Selon l'accord entre lesdites parties, convenu solennellement, que si les trois-quarts desdits textes avec les autres livres illustrés et peints ne permettent pas audit maître Domenico d'atteindre soixante-quinze ducats, alors en ce cas ledit maître Domenico ne peut pas faire valoir ses droits au quart de ces livres. Cependant, il peut faire valoir ses droits sur trente livres illustrés et volumes présents en ce moment à Venise chez Francesco de Savignagno. Dans ce cas, ledit maître Domenico est tenu et obligé de retenir le quart de ces textes et livres illustrés pour le paiement de Giovanni, à la demande du dit Giovanni Accursi, et de les mettre à sa disposition.

Parce que comme il a été dit précédemment etc.

Et cela sous peine d'une amende de vingt-cinq ducats en retour etc. La restitution des dommages, l'obligation des biens etc. Renonciation aux bénéfices etc. et état etc.

Fait à Bologne dans la capelle de San … dans la boutique ou le magasin des Cattanei. Présents maître Tomà fils du défunt Giorgio dei Piliatori d'Allemagne, habitant Bologne à la chapelle Santa Maria de Mascarella, dans la maison du dit maître Domenico et Andrea fils du défunt Giovanni Barberi habitant de Bologne à la chapelle San Giovanni in Monte, témoins etc. et moi, notaire, ai dit connaître ces parties etc.

Acte de moi Isidoro Cancelleri notaire du dit acte.

BOLOGNE, 18 JUIN 1479

Source : Archivio di Stato di Bologna, Archivio di Stato di Bologna, Corporazioni soppresse, convento dei Domenicani, b. 29/7363.
Édition : Sorbelli, Tavoni, Rossi et Temeroli, 2004, doc. CXL.

Heinrich de Cologne est un imprimeur d'origine allemande, arrivé depuis peu de temps à Bologne. On connait sa déclaration d'installation dans la ville de Bologne du 30 août 1477 (Sorbelli, Tavoni, Rossi, Temeroli, 2004, doc. XCVI), qui mentionne sa femme Antonia, son fils Hermann et ses « *famuli* » (serviteurs), Pietro et Ludovico. Il s'agit par ailleurs d'un imprimeur qui a beaucoup voyagé, ayant imprimé successivement à Modène, Lucques, Sienne, Nozzano, Urbino, Brescia[16]. Ippolito Marsigli, quant à lui, est un juriste assez connu de la fin du XVe siècle, qui étudie jusqu'en 1480, puis enseigne à Bologne, avant d'être juge et de circuler lui aussi à travers l'Italie et d'écrire diverses œuvres de droit (Orioli, 1910).

Le commentaire de Giovanni de Anania, qu'il imprime et dont il est question ici, parait en 1480[17].

Contrairement aux autres contrats bolognais présentés, ce document est un accord privé, ratifié par et devant des membres de l'ordre des Dominicains de Bologne – ce qui explique que cette copie, signée de la main des témoins, se trouve à présent dans le fond du convent des Dominicains.

[Accord passé entre le maître Heinrich imprimeur de livres allemand de Bologne, et le seigneur Ippolito fils du défunt Carolo Marsigli[18]]

MCCCCLXXVIIII, XVIIIe jour de juin.

Qu'il soit connu à tous ceux qui verront ces lettres, que ce jour à Bologne, dans la maison du seigneur Girolamo et de ceux de Zannettini de la chapelle Santa Lucia, le seigneur Ippolito fils du défunt Carolo Marsigli, étudiant dans les deux droits, s'est obligé et a promis au maître Heinrich de Cologne, imprimeur dans la ville de Bologne de livres imprimés, selon l'arbitrage d'hommes honnêtes c'est-à-dire d'hommes compétents (*viri boni id est viri periti*), de corriger le livre de Giovanni de

16 Ces déplacements sont connus en particulier via les éditions qu'il a produites dans ces différentes villes et recensées dans l'ISTC.

17 Johannes de Anania, *Commentaria super prima et secunda parte libri quinti Decretalium*, Bologne, Heinrich de Cologne, 1479/1480, n° ISTC ij00250150.

18 Passage rajouté au verso.

Anania sur le cinquième livre des *Décrétales*, dans les quatre prochains mois, en commençant le XXVIIIe jour de juin et terminant comme suit : il commencera par la rubrique « *De scismaticis* » jusqu'à la fin.

Et en retour, ledit maître Heinrich a promis de donner et payer audit seigneur Ippolito pour son commerce et travail (*mercede et labore*) quatorze ducats, c'est-à-dire XIIII ducats d'or, sous la forme de livres imprimés, qui doivent s'élever à la somme de XIIII ducats, choisis selon l'arbitrage du seigneur Ippolito tant que la qualité des livres et les livres eux-mêmes choisis par le seigneur Ippolito valent bien ce prix. Et outre ces livres d'un prix de XIIII ducats, il a promis de donner un tirage (*unum stampatum*) de ces livres du seigneur Giovanni de Anania, corrigés par ledit seigneur Ippolito. Et cela aura lieu après les quatre mois mentionnés, dans les deux mois suivants ou après l'impression des ouvrages. Et durant cette période ledit seigneur et maître Henrich doit mettre de côté autant de livres de cette édition imprimée d'Anania qui s'élèveront à un prix et une valeur de XIIII ducats.

Et de bonne foi, moi frère Girolamo de'Mamelini de Bologne, de l'ordre des prêcheurs, de l'accord et de la volonté des parties susdites, ai écrit de ma main, le jour, le mois et l'année dites etc. et le seigneur Girolamo susdit, éminent professeur dans les deux droits, et les parties contractant et frère Gaspar de Bologne de l'ordre des prêcheurs ont souscrit de leur main[19].

Moi Girolamo Zannettini de Bologne, docteur dans les deux droits, ai attesté de ce qui précède et pour donner foi à ce qui précède, ai écrit de ma main, l'année, le jour et le mois susdits[20].

Moi Frère Gaspar fils du défunt maître Jacobo de'Balisti, de l'ordre des frères prêcheurs de saint Dominique, fus présent à tout ce qui est dit ci-dessus et pour donner foi à ce qui précède, ai souscrit l'année, le mois et le jour susdits[21].

Moi Ippolito fils du défunt Carolo Marsigli affirme tout ce qui est ci-dessus et promets, sans exception, de tout respecter de ce qui est écrit ci-dessus par le frère Girolamo, et pour donner foi à ce qui précède, ai souscrit de ma main, l'année, le mois et le jour susdits[22].

---

19 Changement de main pour ce paragraphe.

20 Changement de main pour ce paragraphe.

21 Changement de main pour ce paragraphe.

22 Changement de main pour ce paragraphe.

Moi maître Heinrich de Cologne, fils du défunt Hermann, affirme tout ce qui est ci-dessus et promets sans exception de tout respecter de ce qui est écrit ci-dessus par le frère Girolamo, et pour donner foi à ce qui précède, ai souscrit de ma main, l'année, le mois et le jour susdits[23].

BOLOGNE, 2 MARS 1481

Source : Archivio di Stato di Bologna, Notai del distretto, b. 1083, nº 305.
Édition : Sorbelli, Tavoni, Rossi et Temeroli, 2004, doc. CLXIII

Nestor de'Morandi commandite une édition à Domenico Lapi, libraire et enlumineur impliqué dans l'imprimerie bolognaise depuis les années 1470. Nous n'avons que peu d'informations sur le commanditaire, même si Domenico Lapi nous est bien connu et a été déjà impliqué dans une société typographique avec Johann Wurster et Matteo Moretti (*Cf.* Bologne, 28 janvier 1474). Ce contrat notarié rédigé en latin donne quelques éléments matériels et cherche à tenir compte des aléas de la production. Cependant, sa brièveté laisse penser qu'il s'agit désormais d'une pratique relativement courante : la commande d'éditions par des universitaires se poursuit dans les années qui suivent (par exemple *Cf.* Bologne, 22 mai 1499). L'édition du *Quodlibeta* d'Egidio répond à une demande universitaire classique, avec un ouvrage qui sera certainement utilisé dans le cadre des cours du *Studium*[24].

MCCCCLXXXI, XIIIe indiction, deuxième jour du mois de mars, au temps de notre seigneur le pape Sixte IV.

~~Le respectable docteur en arts et en médecine, maître Nestor fils du défunt ser Benedetto de'Morandi, citoyen bolognais, d'une part,~~

maître Domenico fils du défunt Polo Lapi libraire et enlumineur (*librarius sive miniator*) à la chapelle Santa Maria de Mascarella, volontairement etc. En présence et à la demande de maître Nestor de'Morandi présent et stipulant, Domenico a promis au maître Nestor de faire et d'imprimer quatre cents volumes de l'œuvre intitulée communément *El Quodlibeta* d'Egidio, d'environ neuf cahiers (*quinternorum*) chacun sur du

23 Changement de main pour ce paragraphe.

24 Aegidius Columna Romanus, *Quodlibeta*, Bologne, Domenico de Lapi, nº ISTC ia00085000.

papier de format commun ou petit (*carte comunis sive parve*), en colonnes, et pas davantage, à l'exception de dix ou douze volumes supplémentaires en cas de pertes. Et il lui est demandé de le faire pendant toute la durée du mois de mai prochain, en particulier etc. en général etc.

Et il a fait cela parce qu'en retour, ledit maître Nestor a promis, pour son salaire et pour son aide au travail et l'impression (*pro sua mercede et in auxilium laborandi sive stampandi*), de lui donner, selon la volonté de maître Domenico, le papier nécessaire pour l'impression des 412 volumes, et autant d'argent pour les dépenses que la moitié du prix du papier plus un ducat d'or. Et une fois fini ce travail (*dictis operibus*), maître Nestor a promis de retenir pour lui 300 volumes finis et de laisser le reste à maître Domenico pour le reste de son salaire (*suis salarii*), tout en ne pouvant pas en prévoir ni en faire plus de 412. Et ainsi ils ont convenu ensemble.

Toutes les choses etc. Sous peine de cent livres de Bologne et cette peine etc. avec promesse concernant les dommages etc. obligation des biens selon le contrat etc. renonciation des bénéfices etc.

~~Avec procuration etc.~~

Fait à Bologne à la chapelle Sant'Andrea de Ansaldis, dans la boutique de maître Domenico. Présents Giovanni fils du maître Lorenzo, Tomaso fils de *ser*[25]…

BOLOGNE, 20 OCTOBRE 1482

Source : Archivio di Stato di Bologna, Notai del distretto, b. 1140, n° 173.
Édition : Sorbelli, Tavoni, Rossi et Temeroli, 2004, doc. CXCIII.

Ce contrat est le premier qui fait intervenir Benedetto di Ettore Faelli, alors au tout début de sa carrière. Celui-ci commence comme relieur de livres, mais plusieurs contrats suivants le font intervenir comme imprimeur et libraire (*Cf.* Bologne, 6 décembre 1487, 22 mai 1499, 28 avril 1503, 27 mars 1504, 30 avril 1504). Anthony Hobson, par l'observation des reliures survivantes de la période, fait l'hypothèse que celui-ci conserve des liens forts entre son activité d'éditeur et l'activité de reliure (Hobson,

25 Papier très abîmé.

1998, p. 11-12). Quoi qu'il en soit, la famille Faelli devient par la suite l'une des familles les plus importantes du commerce libraire bolognais (De Tata, 2021, p. 78 et suivantes). Cette association avec Gugliemo de'Premitti dure sans doute peu de temps.

Il s'agit ici d'une association principalement financière et commerciale, sous la forme d'une *compagnia*, c'est-à-dire d'une communauté de biens, de profits et de pertes. Mais il est intéressant de noter que le travail de Benedetto Faelli comme relieur et les gains qu'il pourrait en retirer sont exclus de cette communauté. Celui-ci continue donc sans doute à exercer comme relieur en parallèle de ses débuts dans le commerce libraire.

Ce document est rédigé en langue vernaculaire, mais ratifié par le notaire en latin. La copie qui en est conservée semble être écrite par le notaire lui-même.

[*Société (*societatis*) entre Gugliemo de'Premitti et Benedetto de Bombiana, marchand de livre (*mercator librorum*)*][26]

Le 20 octobre 1482

Qu'il soit connu et manifeste à chacun qui verra ou lira ce présent écrit et document, que, au nom de Dieu et de sa mère la glorieuse Vierge Marie, maître Guglielmo de Antonio de'Premitti, vendeur de livres à Bologne en la chapelle de Sant'Andrea di Ansaldi d'une part, et Benedetto autrefois de Bombiana du *contado* de Bologne relieur de livres de la chapelle dite d'autre part, ont fait compagnie (*conpagnia*) ensemble pour acheter et vendre des livres imprimés de toute sorte. Et dans cette compagnie, ils mettent ensemble un capital (*cavedale*) commun de livres communs d'une valeur de cent cinquante-deux livres *de quattrini*. Ils ont de plus pour chacun d'eux soixante ducats de Venise, qui correspondent à cent soixante-huit livres et dix sous. Cet argent revient en tout à cent vingt ducats de Venise, c'est-à-dire trois cent cinquante-sept livres *de quattrini*. Et ensemble avec ces livres et cet argent, ils arrivent à la somme de 509 livres *quattrini*. Ces livres se trouvent chez ledit Benedetto et les 120 ducats vénitiens se trouvent chez Guglielmo, et ainsi il peut aller à Venise pour acheter et commercer ces livres imprimés pour la compagnie.

De même, les compagnons sont d'accord pour qu'à chacun d'eux revienne la moitié des gains, des frais et des pertes de ces livres, que Dieu garde, ou de ce que fera cette compagnie.

26 Ce paragraphe est écrit en latin.

De même, chacun d'eux doit rendre bon compte l'un à l'autre de chaque gain de la compagnie, et s'exercer dans la compagnie bien et diligemment, selon l'arbitrage d'hommes honnêtes et de l'autre compagnon.

De même, ils souhaitent que chacun des deux membres ait à rendre compte l'un à l'autre de ce qu'il retire et le mette dans leurs comptes ou auprès d'Antonio de *ser* Bartolomeo Bongianni au crédit de la compagnie, et ne puisse pas bouger cet argent sans l'accord de l'autre.

De même, ils souhaitent qu'aucun d'eux ne puisse faire crédit sur ces livres sans l'accord de l'autre pour plus de XV deniers ; et si l'un d'eux fait le contraire et qu'à la fin de la compagnie, il se retrouve débiteur pour cette dite créance, ils entendent que celle-ci soit mise au compte de celui qui a fait cette créance.

De même, ils souhaitent que cette compagnie dure pendant l'année qui vient et qu'elle commence le jour dit plus haut, et finisse comme suit, sauf si les compagnons renouvèlent cette compagnie.

De même, que cette compagnie finisse au cas où la mortalité ou la guerre surviendrait dans la ville de Bologne, selon le souhait de l'un des compagnons.

De même lesdits compagnons souhaitent que chaque gain fait par eux dans le commerce des livres, même s'ils n'appartiennent pas à cette compagnie, doit être commun et réparti comme il est dit plus haut, sauf les gains que ledit Benedetto réalisera en reliant des livres, comme c'est son métier (*so mestiero*).

De même lesdits compagnons souhaitent qu'à l'achèvement de ce contrat la compagnie se termine, sauf s'il apparaît dans un écrit public ou privé qu'ils ont réalisé une nouvelle compagnie. Et alors, ils doivent attribuer leur part à chacun et répartir l'argent et les livres du capital, sauf ce qui concerne le chapitre ci-dessus concernant celui qui ferait une créance de plus de XV deniers sans l'accord de l'autre compagnon et qui en resterait débiteur pour lui et son capital.

Et les parties susdites promettent de tenir fermement les choses susdites, et celui qui y contreviendra subira une peine de cent ducats d'or, laquelle payée, toutes les choses dites ci-dessus resteraient fermes etc. *Avec obligation*[27] des biens etc. Renonçant aux bénéfices etc. Serment etc. Avec la promesse etc.

---

27 Les termes en italiques sont en latin.

Fait à Bologne dans la chapelle San Martino … dans la maison d'habitation de moi, notaire. Présents ser Bartolomeo … et Antonio, mon frère, fils du défunt …, témoins etc.[28]

Acte de moi Francesco Bongiannini notaire.

BOLOGNE, 6 DÉCEMBRE 1487

Source : Archivio di Stato di Bologna, Notai del distretto, b. 898, n° 387 (version au brouillon et plus abrégée au n° 379)
Édition : Sorbelli, Tavoni, Rossi et Temeroli, 2004, doc. CCLXV.

Ce contrat fait intervenir des acteurs majeurs de la typographie bolognaise de la fin du XVᵉ siècle. Bazaliero Bazalieri vient d'une riche famille de Bologne, possédant des terres et des moulins. Il devient imprimeur après être passé par l'atelier d'Ugo Ruggeri, son beau-frère et commence son activité en 1487 (Serra Zanetti, 1959, p. 109-110). Son frère est Tiberio Bazalieri, lecteur en logique à l'université de Bologne dans les années 1490, puis à Padoue et à Pavie (Sorbelli, 2003, p. 49). Il imprimera également à Reggio dans les années 1490. Dionisio Bertocchi fait partie d'une famille d'imprimeurs originaire de Reggio, avec ses frères Donino et Ugo. Il arrive à Bologne avec sa famille et ses ouvriers en 1486[29] ; peut-être était-il déjà à Bologne avec son frère Donino dans les années 1470 et revient-il à ce moment pour s'installer de façon plus durable (Sorbelli, 2003, p. 30). Il imprime à Bologne, ainsi qu'à Reggio, Venise et Trévise, avec différents associés (Montecchi, 2013, p. 253). Benedetto di Ettore Faelli est en société avec Gugliemo de'Premitti en 1483 ; même si cette association ne semble pas avoir duré, Faelli est en relation d'affaires régulières avec différents imprimeurs et éditeurs de la ville, où il reste actif jusqu'en 1523, tout en publiant également dans d'autres villes dont Lucques (Sorbelli, 2003, p. 56-61). Originairement relieur (*Cf.* Bologne, 20 octobre 1482), il parvient à tirer parti à la fois de ces associations multiples, d'ancrages géographiques diversifiés et des moyens légaux, à travers l'obtention de privilèges (Balsamo, 1983, p. 25-26).

---

28 Plusieurs passages de ce document sont difficilement lisibles.

29 ASBo, Archivio Comunale, ufficio delle bollette, denunzie di coloro che venivano ad abitare in Bologna, 11 octobre 1486, cité dans (Sorbelli, Tavoni, Rossi et Temeroli, 2004, doc. CCLXI).

Contrairement à la plupart des contrats précédents, il s'agit ici d'une association entre acteurs qui sont tous impliqués durablement dans l'industrie du livre. Cela témoigne d'un changement structurel dans l'organisation économique de la production. Il ne s'agit plus seulement d'interventions ponctuelles, mais des acteurs parviennent à s'implanter durablement voire, comme c'est le cas ici, à construire de véritables entreprises familiales. L'association entre elles permet de mettre en commun les compétences, les ouvriers et le capital, que ce soit le financement ou le matériel typographique, tout en séparant les rôles, Dionisio et Bazalierio ne conservant qu'une petite partie des livres qu'ils doivent vendre. L'édition mentionnée dans ce contrat n'a pas pu être identifiée.

Convention (*conventio*) entre Dionisio et Bazalierio d'une part et Benedetto libraire d'autre part

Mille quatre cent quatre-vingt-sept, cinquième indiction, sixième jour du mois de décembre, au temps du pontificat de notre seigneur Innocent VIII, par divine providence, pape.

Dionisio fils du défunt Pellegrino Bertocchi de Reggio, habitant à présent dans la ville de Bologne, à la chapelle Santa Maria Maggiore, imprimeur de livre et

Bazalierio fils du défunt Marco Bazalieri citoyen de Bologne, de la chapelle San Giovanni in Monte, aussi imprimeur de livre. Et tous les deux de concert, volontairement, en pleine connaissance de cause, chacun pour soi et pour leurs héritiers, ont promis et ont convenu avec

Benedetto fils du défunt Ettore libraire citoyen de Bologne de la chapelle Sant'Andrea de Ansaldis, présent et stipulant et acceptant, pour eux et leurs héritiers, d'imprimer six cents volumes des livres de Rainaldo, bons et corrects, bien imprimés, et de donner la moitié de ces six cents volumes des livres de Rainaldo à Benedetto di Ettore présent, et stipulant pour lui et ses héritiers, une fois qu'ils auront été imprimés. Et Dionisio et Balzaliero ont fait ainsi parce qu'en retour, Benedetto, pour lui et ses héritiers, a promis auxdits Bazalierio et Dionisio présents, et stipulant et acceptant pour lui et ses héritiers, de donner et de livrer tout le papier nécessaire aux six cents volumes, en compensation des trois cents volumes que Dionisio et Bazaliero lui ont promis.

Par ce contrat convenu solennellement entre les parties, Dionisio et Bazalierio sont tenus et doivent et ont promis solennellement de concert de donner et de vendre audit Benedetto, présent et acceptant, deux cent cinquante volumes des livres sur leur part des trois cents volumes des livres de Rainaldo. Et Benedetto a promis auxdits Bazaliero et Dionisio présents et de donner et payer pour le prix des deux cent cinquante volumes des livres vendus, trois livres bolognaises pour chaque cent vingt cahiers (*quinterniones*) des livres, jusqu'à atteindre les deux cent cinquante volumes de Rainaldo [avec les garanties etc.]. Et par ce contrat, lesdits [Dionisio et Bazaliero] imprimeurs ne peuvent pas et ne doivent en aucun cas imprimer plus de six cent dix volumes des livres concernés, et doivent donner et consigner audit Benedetto cahier par cahier (*de quemternione in quemternionem*) [pendant qu'ils seront imprimés], et jusqu'à ce que tout l'ouvrage soit imprimé. Et ainsi les parties se sont accordées sur ce pacte exprès. Et toutes ces choses etc., Dionisio et Bazaliero l'ont promis de concert pour leur part, et Benedetto pour une autre part, c'est-à-dire que chacun a promis [pour soi et réciproquement], en perpétuité signé et ratifié, selon les formes etc. Ils se le sont promis sous peine de cinquante ducats d'or etc. Cette peine etc. Obligation des biens etc. En réparation des dommages et des dépenses et en obligation des biens et renonciation des bénéfices etc. Serment etc.

Fait à Bologne à la chapelle Santa Giusta, à l'étude de moi, notaire. Présents *ser* Jacobo de Monte Calvo et *ser* Polo fils du défunt Pietro de La Stiappa, tous les deux citoyens et notaires de Bologne ; Cesare fils du défunt Simone de'Libri de la chapelle Sant'Andrea de Ansaldis ; et Girolamo Zambon de la chapelle San Blasio, qui disent bien connaitre les parties, témoins chacun que ces choses ont été dites et ratifiées.

Acte de moi Andrea Gombruti, notaire.

BOLOGNE, 15 JUIN 1489

Source : Archivio di Stato di Bologna, Notai del distretto, b. 1135, nº 12.
Édition : Sorbelli, Tavoni, Rossi et Temeroli, 2004, doc. CCLXXIV.

Francesco de Benedetto dit Platone, dont l'activité débute en 1482, est l'un des imprimeurs les plus en vue de Bologne à la fin du XVe siècle (Gatti, 2018). Il est issu d'une famille bien connue de Bologne, qui compte notamment des peintres et des enlumineurs ; il met sans doute sa famille à contribution dans la décoration des ouvrages qu'il imprime (Sorbelli, 2003, p. 44-45). La période est plus favorable à l'installation d'Italiens, après avoir vu le départ ou la disparition des quelques ateliers d'Allemands qui s'étaient implantés dans la ville. Francesco de Benedetto maintient un système de commande pour financer ses productions (Rossi, 2004, p. 65), comme c'est le cas pour cette édition commanditée par dame Alaxia, la veuve de Baverio de'Baveri, un lettré et médecin important de Bologne originaire d'Imola, aussi connu sous le nom de Baverio Bonetti (Stefanutti, 1969). Sur le colophon, l'édition est considérée comme commanditée par les fils de l'auteur et non par sa veuve[30]

L'autre particularité de ce contrat réside dans l'essai typographique qui lui est joint, signé par l'imprimeur et authentifié par le notaire (fig. 5) : il fonctionne comme un devis engageant le producteur (Moneti, 1942). Cette pratique, attestée dans d'autres cas comme à Pavie en 1492 (Gasparrini Leporace, 1947), s'inspire très probablement des croquis parfois liés aux contrats de peintres au XVe siècle et témoignent dans tous les cas de la discussion et de la négociation qu'il pouvait y avoir entre imprimeur et commanditaire (O'Malley, 1998). Déjà à Bologne en 1473, un contrat mentionnait que la « forme des lettres » avait été transmise et signée par le notaire, sans que l'on sache précisément ce que cela signifiait (*Cf.* Bologne, 22 octobre 1473) ; de façon similaire, à Padoue en 1479, une feuille de papier est déposée chez le notaire pour témoigner de la qualité du matériau que les papetiers s'engageaient à fournir (*Cf.* Padoue, 1er décembre 1479). La forme finale de l'édition respecte effectivement ce qui est transmis avec le contrat, à l'exception du nombre de lignes qui est de 55 au lieu de 56 sur la page d'essai – ce que d'ailleurs l'imprimeur semble indiquer en signant ce document (fig. 6).

Comme le remarque Angela Nuovo, ce contrat témoigne également d'une connaissance de plus en plus fine du marché du livre, avec des tirages différenciés selon les différents textes mentionnés (Nuovo, 2013, p. 106).

1489

Mille quatre cent quatre-vingt-neuf, septième indiction, quinzième jour de juin.

Le respectable Francesco fils de Benedetto de'Benedetti, appelé Platone, imprimeur de livres, citoyen de Bologne à la chapelle de San Cosmo et Damian de Ponteferri, volontairement etc. en présence et à la demande de la très éminente dame Alaxia, fille de Pietro de Brocardi,

30 Baverius de Baveriis, *Consilia medica*, Bologne, Francesco Plato de'Benedetti, 1489, n° ISTC ib00283000.

veuve et épouse du très excellent défunt médecin et docteur en arts et en médecine, le seigneur maître Baverio de'Baveri, s'engageant pour lui et pour ses héritiers, l'obligeant ainsi que ses biens et ses héritiers, a promis à la dite dame Alaxia d'imprimer ou de faire imprimer avec des lettres d'imprimerie (*imprimere et seu imprimi facere ad literas stampae*) dans la ville de Bologne et dans la maison d'habitation de la dite dame Alaxia, tous les *Consilia* composés et compilés par ledit maître Baverio, qui sont au nombre de cent deux environ, et qui sont rassemblés dans un volume écrit à la main. Il doit réaliser une bonne et excellente impression, selon les modalités et les formes, les mesures et l'impression dont il est fait démonstration (*demonstratio*) dans la feuille de papier imprimée, et qui a été signée et attestée de la main du dit Platone chez moi, notaire. Et il doit imprimer ou faire imprimer mille cent volumes des dits *Consilia*, bien faits, diligemment, honnêtement et sans erreur ni omission, et ainsi qu'il est écrit dans ledit exemplaire et selon arbitrage d'hommes honnêtes. Il a promis de fabriquer et de mener à bien tous ces volumes, et de donner et de ne pas les exposer [ou faire exposer de quelque sorte que ce soit par lui-même ou quelqu'un d'autre, à aucune autre personne] hors de ladite maison sans l'autorisation de dame Alaxia. Il a promis d'achever ces volumes dans la quantité prévue avant quatre mois, [en commençant le vingt du mois actuel], et dès qu'ils sont achevés, de les remettre et de les consigner à ladite dame Alaxia dans ladite maison.

Il fit cela, parce que dame Alaxia, volontairement pour elle et ses héritiers, a promis etc. à Francesco présent etc. de lui donner une habitation dans la dite maison, à la chapelle San Michele de Leproseto, convenable et adaptée à la réalisation et au travail des dits *Consilia*, un lit garni dans cette maison, de lui fournir tout le papier nécessaire pour la fabrication des dits volumes, et, pour son commerce et son travail (*pro mercede et eius labore*), de lui donner et payer soixante ducats, à raison de trois livres bolognaises en monnaie courante pour chaque ducat.

En général etc. avec la promesse de gages etc. de ce montant (*pretio*) ladite dame Alaxia, devant témoins etc. a donné et payé de main à main ledit Platone ~~dix~~ [neuf ducats, c'est-à-dire vingt-sept livres] à la valeur dite de trois livres bolognaises par ducat, dans la mesure où ledit Francesco dit Platone a dit etc. et a renoncé avec de grandes précautions etc. exception faite de l'argent non compté etc. en monnaie d'or et d'argent etc. Par contrat, dame Alaxia est obligée de livrer ledit papier, sous peine et défense de etc. et est tenue de payer mensuellement le salaire de ce travail (*eius mercedem ex dicta summa laborado ipso*) sur la somme prévue, comme promis.

Et ainsi tous etc. ils promettent etc. sous peine double etc. lesquelles peines etc. en réparation des dommages etc. obligation des biens, renonciation aux bénéfices etc. profits etc.

Fait à Bologne, dans la chapelle San Michele de Leproseto, dans la maison de ladite dame Alaxia, dans l'étude du seigneur Mansueto. Présents le seigneur Jacobo fils du défunt Simone de'Guidaloti de Imola, étudiant en droit, habitant Bologne à la chapelle de San Sigismondo ; Giovanni et Vincentio, frères et fils du défunt Pietro de Zanolinis, citoyens de Bologne à la chapelle Santa Lucia, qui tous dirent etc. Témoins etc.

Acte de moi Bartolomeo Verardi.

(*Sur le bas de la feuille imprimée jointe au contrat*)

Ceci est l'essai fait par moi, Platone imprimeur, à dame Alaxia, pour l'impression des *Consilia* du seigneur et maître docteur en arts, le seigneur Baverio, dont je promets que la forme sera semblable à celle-ci, sauf cependant une ligne à la fin.

Moi Francesco Platone.

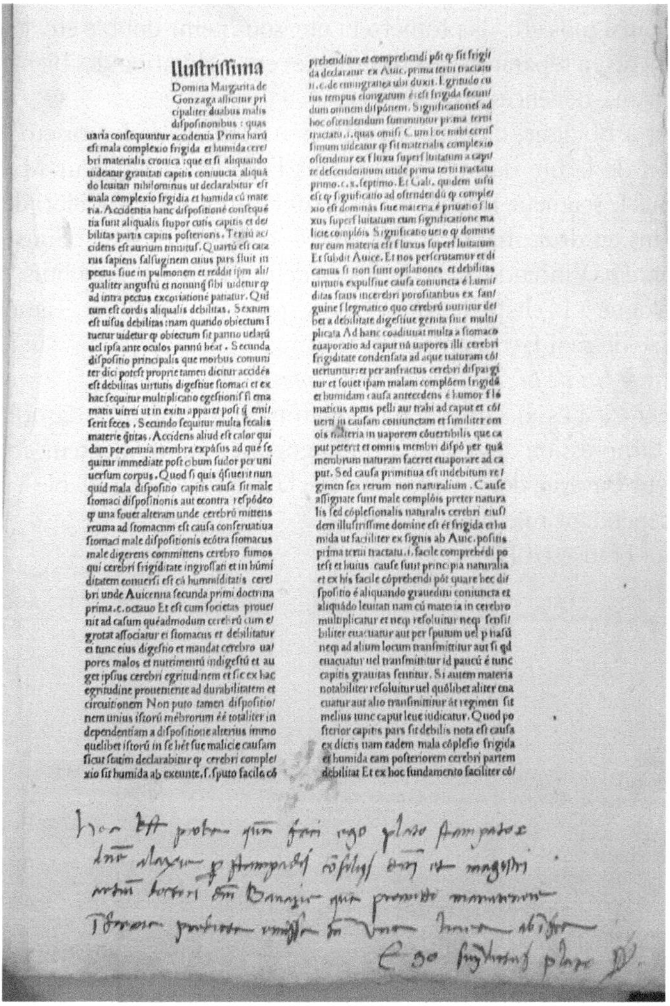

Illustrissima

Domina Margarita de Gonzaga afficitur pricipaliter duabus malis dispositionibus : quas uaria consequuntur accidentia Prima harū est mala complexio frigida et humida cerebri materialis cronica :que et si aliquando uideatur grauitati capitis coniuncta aliquādo leuitati nihilominus ut declarabitur est mala complexio frgidia et humida cū materia. Accidentia hanc dispositionē consequētia sunt aliqualis stupor cutis capitis et debilitas partis capitis posterioris. Tertiū accidens est aurium tinnitus. Quartū est catarus sapiens salsuginem cuius pars fluit in pectus siue in pulmonem et reddit ipm aliqualiter angustū et nonunq̄ sibi uidetur ꝙ ad intra pectus excoriationē patiatur. Quītum est cordis aliqualis debilitas. Sextum est uisus debilitas :nam quando obiectum ītuetur uidetur ꝙ obiectum sit panno uelatū uel ipsa ante oculos pannū habeat. Secunda dispositio principalis que morbus communiter dici potest proprie tamen dicitur accidēs est debilitas uirtutis digestiue stomaci et ex hac sequitur multiplicatio egestionis si ematis uitrei ut in exitu apparet post q̄ emiserit feces. Secundo sequitur multa fecalis materie q̄titas. Accidens aliud est calor quidam per omnia membra expāsus ad quē sequitur immediate post cibum sudor per uniuersum corpus. Quod si quis q̄sierit nunquid mala dispositio capitis causa sit male stomaci dispositionis aut econtra respōdeo ꝙ una fouet alteram unde cerebrū mittens reuma ad stomacum est causa conseruatiua stomaci male dispositionis ecōtra stomacus male digerens committens cerebro fumos qui cerebri frigiditate ingrossati et in humiditatem conuersi est cā humiditatis cerebri unde Auicenna secunda primi doctrina prima.c.octauo Et est cum societas prouenit ad casum queadmodum cerebrū cum egrotat associatur ei stomacus et debilitatur ei tunc eius digestio et mandat cerebro uapores malos et nutrimentū indigestū et auget ipsius cerebri egritudinem et sic ex hac egritudine proueniente ad durabilitatem et circuitionem Non puto tamen dispositionem unius istorū mēbrorum ēē totaliter in dependentiam a dispositione alterius immo quelibet istorū in se hēt sue malicie causam sicut statim declarabitur ꝙ cerebri complexio sit humida ab exeunte.f.sputo facile cō

prehenditur et comprehendi pōt ꝙ sit frigida declaratur ex Auic. prima tertii tractatu ii.c.de emigranea ubi dixit. Egritudo cuius tempus elongatum ē est frigida secundum omnem dispōnem. Significationes ad hoc ostendendum summuntur prima tertii tractatu.i.quas omisi Cum hoc mihi certissimum uideatur ꝙ sit materialis complexio ostenditur ex fluxu superfluitatum a capite descendentium unde prima tertii tractatu primo.c.x.septimo. Et Gal. quidem usū est ꝙ significatio ad ostendendū ꝙ complexio est dominās siue materia ē priuatio fluxus superfluitatum cum significatione malicie complōis Significatio uero ꝙ dominetur cum materia est fluxus superfluitatum Et subdit Auice. Et nos perscrutamur et dicamus si non sunt opilationes et debilitas uirtutis expulsiue causa coniuncta ē humiditas stans in cerebri porositatibus ex sanguine flegmatico quo cerebrū nutritur debet a debilitate digestiue genita siue multiplicata Ad hanc coadiuuat multa a stomaco euaporatio ad caput nā uapores illi cerebri frigiditate condensata ad aque naturam cōuertuntur:et per anfractus cerebri dispargitur et fouet ipam malam complōem frigidā et humidam causa antecedens ē humor flēmaticus aptus pelli aut trahi ad caput et cōuerti in causam coniunctam et similiter omnis materia in uaporem cōuertibilis que caput peteret et omnis membri dispō per quā membrum naturam faceret euaporare ad caput. Sed causa primitiua est indebitum regimen sex rerum non naturalium. Cause assignate sunt male complōis preter naturalis sed cōplesionalis naturalis cerebri eiusdem illustrissime domine est ēt frigida et humida ut faciliter ex signis ab Auic. positis prima tertii tractatu.i.facile comprehēdi potest et huius cause sunt principia naturalia et ex his facile cōprehendi pōt quare hec dispositio ē aliquando grauedini coniuncta et aliquādo leuitati nam cū materia in cerebro multiplicatur et neq̧ resoluitur neq̧ sensibiliter euacuatur aut per sputum uel p nasū neq̧ ad alium locum transmittitur aut si qd euacuatur uel transmittitur id paucū ē tunc capitis grauitas sentitur. Si autem materia notabiliter resoluitur uel quōlibet aliter euacuatur aut alio transmittitur āt regimen sit melius tunc caput leue iudicatur. Quod posterior capitis pars sit debilis nota est causa ex dictis nam eadem mala cōplesio frigida et humida eam posteriorem cerebri partem debilitat Et ex hoc fundamento faciliter cō

FIG. 5 – Archivio di Stato di Bologna, Notai del distretto, b. 1135, 1489, essai joint au contrat.

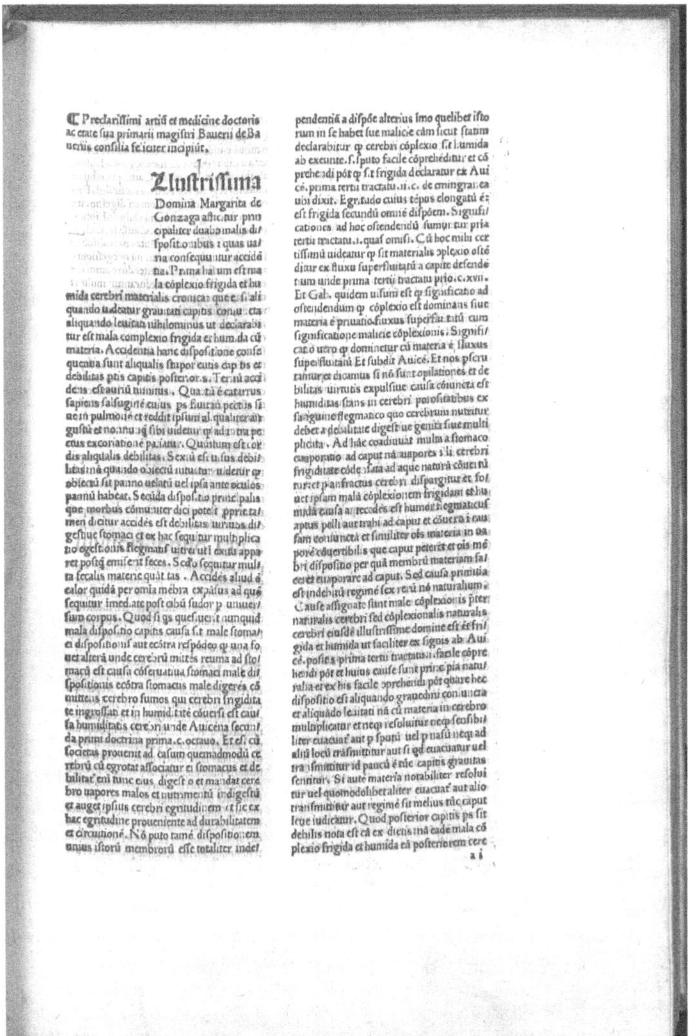

FIG. 6 – Baverio de'Baveri, *Consilia*, Bologne, Platonis de'Benedetti, 1489. Exemplaire de la BSB, 2 Inc.c.a.2215.

BOLOGNE, 11 JUIN 1498

Source : Archivio di Stato di Bologna, Notai del distretto, b. 1065, nº 249.
Édition : Sorbelli, Tavoni, Rossi et Temeroli, 2004, doc. CCCL.

Ce document a été écrit principalement en italien, de la main d'Ugo Ruggeri, avant d'être authentifié par un notaire et inclus dans ses matrices. Ce contrat marque la création d'une compagnie familiale entre les deux beaux-frères – Ugo a épousé Fasana, la sœur de Bazaliero et la fille de Marco Bazalieri (Serra Zanetti, 1959, p. 110). Ugo Ruggeri est actif à Bologne depuis les années 1470, d'abord avec Donino Bertocchi, puis seul. Il est un ancien étudiant et administrateur du *Collegio Reggiano* de l'université ; il a également été fondeur de canon et de bombarde pour Giovanni Bentivoglio (Sorbelli, 2003, p. 22-27). L'histoire de la relation entre les deux hommes est marquée par des affaires de familiales complexes : Ugo Ruggeri est ainsi accusé de complicité lorsque son beau-père, Marco Bazalieri, blesse sa femme en 1480. Bazaliero connait également un moment difficile à la suite de la mort de son père et de conflits sur la division de l'héritage entre ses frères Tiberio et Caligola en 1495. Ugo Ruggeri et Bazaliero Bazalieri finissent par se réunir en 1498, comme ce contrat en atteste, avant la mort de Bazaliero en 1499 ; Ugo Ruggeri déménage alors définitivement à Reggio Emilia (Serra Zanetti, 1959, p. 154).

La compagnie conclue entre les deux hommes est un type classique de compagnie familiale, avec mise en commun totale des biens et de la main d'œuvre familiale (Hilaire, 1986, p. 174-179) : il s'agit d'une communauté de vie, de biens et de travail qui pouvait être utilisée également dans d'autres contextes artisanaux. Le fait que le contrat ait été rédigé par Ugo Ruggeri témoigne de sa familiarité avec les formes d'association, après plusieurs années d'activité. L'écriture humanistique[31] élégante des deux hommes, identifiable par leur souscription, témoigne de leur pratique et de leur familiarité avec le monde universitaire et lettré de la fin du XVᵉ siècle.

\+ MCCCCLXXXXVIII le XI de juin etc.

Qu'il soit connu et manifeste que Bazaliero fils de Marco Bazalieri de Bologne et moi, Ugo fils d'Antonio de Rugerii, beaux-frères, avons

31 En référence à la volonté de réforme de l'écriture des humanistes, qui reviennent à un tracé plus proche de la caroline.

fait une compagnie (*compagnia*) pour imprimer et faire imprimer tous les ouvrages qui nous plairaient, à frais communs et à dépenses communes, selon les modalités qui suivent. Tout d'abord, nous devrons rester et habiter ensemble dans une maison avec toute notre famille et nos biens, à frais communs : c'est-à-dire tous les frais pour nourrir, vêtir et chausser les hommes comme les femmes. Et chaque membre de cette famille sera obligé de travailler et de s'employer selon l'arbitrage d'hommes honnêtes sans aucun salaire ; que ce soit en allant hors de la maison comme en y restant, sans aucun salaire comme il a été dit. Et tous les biens, c'est-à-dire les presses, les lettres, l'étain, les casses, les châssis et les plaques, et toutes les choses pour imprimer ; et de même, les affaires de maison : vases, lits, draps, nappes, chaudrons, casseroles, bouilloires, tourtières, bassines, et toutes les autres affaires ; comme il apparaît dans un inventaire joint de chacun de nous. Nous voulons et entendons que ces choses soient communes tout le temps que durera la compagnie. Et ainsi dans ces inventaires, chacun de nous peut mettre et inscrire de l'argent, des livres, du papier, et au cours du déroulé de la compagnie, chacun de nous peut rajouter selon sa volonté et doit l'inscrire dans l'inventaire. Et une fois que la compagnie sera achevée, pour nous ou pour nos héritiers, chacune des parties doit recevoir chacun son dû, comme ce qui est contenu dans l'inventaire.

Et il est noté que la compagnie durera dix ans continus et à venir. Et au cas où l'un de nous mourrait, ses héritiers pourront hériter, [c'est-à-dire ses fils], et pas d'autres héritiers. Et au cas où il n'y aurait pas de fils et où nous mourions sans aucun testament, l'autre ou les héritiers [de l'autre] doivent hériter de ces choses. Et nous voulons nous y efforcer [et nous voulons que cela se déroule] sans aller devant la justice. Et ainsi nous, la compagnie, c'est-à-dire Ugo et Bazaliero, ne pouvons pas contredire ni contrefaire cet écrit, sous peine de cent ducats d'or. Cette peine sera à diviser en deux parties : l'une à l'hôpital de'Bastardi ; et l'autre, à l'autre associé qui n'est pas en tort. Et au cas où l'un de nous meurt pendant cette période, les héritiers pourront à leur discrétion se séparer de l'autre compagnon ; et de même l'autre associé avec les héritiers ; c'est-à-dire que chacun garde ce qui est contenu dans son inventaire et chacun ait l'inventaire de l'autre, puis partage le gain par moitié avec les héritiers de tout ce qui aura été gagné ; et ce sera fait entre les héritiers de chacun de nous, si tous les deux venons à mourir. Et moi Ugo, j'ai écrit cela de ma propre main, [affirmant les choses ci-dessus], année, mois et jour ci-dessus. Et ainsi ledit Bazaliero a souscrit de sa main etc.

Moi Bazaliero, fils de Marco Bazalieri, suis satisfait avec ce qui est écrit et ai souscrit en ce jour[32].

Fait à Bologne, dans la chapelle Santa Maria de Carrara, dans l'étude de la maison de ser *Bartolomeo ci-dessous. Présents* ser *Tomà fils du défunt Absalonis de'Libri,* ser *Galeazo fils de Francesco de'Acharisi du diocèse de Cento, tous deux notaires, qui dirent etc.* ser *Ludovico fils du seigneur Giovanni de Prato l'Ancien,* ser *Ludovico fils du défunt Luca de Monte Calvo, tous deux notaires, témoignant*[33].

Acte de ser *Bartolomeo Zani notaire.*

BOLOGNE, 22 MAI 1499

Source : Archivio di Stato di Bologna, Notai del distretto, b. 1649, n° 125.
Édition : Sorbelli, Tavoni, Rossi et Temeroli, 2004, doc. CCCLVI.

Ce contrat entre Filippo Beroaldo et Benedetto di Ettore Faelli souligne l'importance des liens entre l'université et l'imprimerie bolognaise à la toute fin du XVe siècle. Comme l'avait fait Francesco dal Pozzo en son temps, les deux hommes cherchent à associer leur force, en faisant imprimer un texte édité par Beroaldo, qui sera ensuite utilisé par lui dans le cadre de son enseignement. L'imprimeur et l'éditeur bénéficient alors d'un débouché immédiat, permettant un tirage plus important et laissant la possibilité d'attendre un retour sur investissement plus lent à travers une distribution hors Bologne.

L'humaniste Filippo Beroaldo, professeur de rhétorique et de poésie à Bologne, élève de Francesco dal Pozzo, est comme lui impliqué dans l'imprimerie bolognaise, en coéditant un certain nombre de ses propres œuvres (Gatti, p. 140), même si à cette époque, le *Studium* n'est déjà plus le principal moteur de la typographie (Balsamo, 1988, p. 75). Cette édition de *L'Âne d'or* d'Apulée paraît en 1500[34].

---

32 La main ayant écrit ce paragraphe est différente de la main du reste du document.

33 Nouveau changement de main. Ce paragraphe est rédigé en latin, comme le suivant.

34 N° ISTC ia00938000.

[Société (*societas*) entre Filippo Beroaldo et Benedetto di Ettore libraire (*librarii*) Original]

MCCCCLXXX neuf, seconde indiction, vingt-deuxième jour du mois de mai, au temps du pontificat du seigneur pape Alexandre VI.

Le respectable et honorable seigneur Filippo fils du défunt Giovanni Beroaldo, citoyen de Bologne d'une part, et Benedetto fils du défunt Ettore, libraire bolognais à la chapelle San Vito d'autre part.

Volontairement etc.

ont fait et se sont unis en une société réciproque (*invicem societatem*) pour imprimer et faire imprimer l'œuvre d'Apulée *L'Âne d'or* avec commentaire édité et rédigé sur cette œuvre par ledit seigneur Filippo, selon les modalités du contrat et des clauses ci-dessous.

Que ledit seigneur Filippo est tenu etc.

Qu'il sera fait mille deux cents volumes de cette œuvre au nom de la société et cinquante autres volumes en sus, en compensation si le papier venait à manquer et pour donner à des amis.

Et que le seigneur Filippo est tenu et doit donner et livrer à Benedetto le papier bon et nécessaire, selon l'arbitrage des hommes honnêtes, de toute forme qui sera nécessaire pour la réalisation et l'impression des travaux.

De même, que le seigneur Filippo doit enseigner publiquement cette œuvre durant l'année à venir ; et recommander ce travail, afin de la vendre davantage.

De même le seigneur Filippo doit donner et livrer l'exemplaire de cette œuvre au copiste (*scriptori*), c'est-à-dire au seigneur Rainaldo etc. et Benedetto est tenu de rémunérer (*satisfacere*) ce copiste pour son travail d'écriture (*mercede scripture*) à ses frais.

Que Benedetto est tenu et doit imprimer et faire imprimer cette œuvre [avec de beaux et bons caractères et lettres], bien, diligemment et selon l'arbitrage d'hommes honnêtes, et correctement, sur le papier qui lui aura été livré, et dès que possible.

Que Benedetto doit fidèlement et selon l'arbitrage d'hommes honnêtes, vendre et faire vendre cette œuvre, tant à Bologne que hors de Bologne, selon le prix qui aura été défini et accordé entre les parties, et ainsi par voie d'échange ou autrement et d'une autre manière, selon ce que les associés jugeront mieux pour l'utilité et l'efficacité de la société.

De même que sur l'argent récolté des premières ventes de cet ouvrage, le seigneur Filippo doit recevoir la somme qu'il a avancée pour l'achat du papier.

Puis qu'après la déduction de cette somme d'argent, il doit être déduit la portion de Benedetto ~~les dépenses faites par Benedetto pour imprimer et faire imprimer cette œuvre, c'est-à-dire les dépenses d'impression, de lettres et autres frais nécessaires~~ pour [toutes] les dépenses effectuées pour l'impression, [pour qu'il lui soit donné et qu'il perçoive] autant d'argent que la somme qui a été nécessaire au papier pour mille volumes, et pas davantage.

[Dépenses du dit Filippo]

Et que Benedetto ne puisse pas et ne doive pas imprimer ni faire imprimer un plus grand nombre de volumes de cette œuvre qu'il n'a été décidé, et qu'il a été dit plus haut.

Et que, après avoir déduit les dépenses de chacun, c'est-à-dire les dépenses de papier et d'impression, les associés doivent diviser également et de bonne foi la somme restante.

Et que Benedetto tienne et retienne les livres et cette œuvre dans sa boutique sous sa garde, et en sureté ; et qu'il les vende selon l'arbitrage des hommes honnêtes et selon ce qui est dit plus haut.

De même que, s'il plait au seigneur Filippo d'avoir cette œuvre et certains des volumes dits, il peut en recevoir pour son salaire (*pro eo pretio*), convenu entre les associés, et que des comptes soient tenus et rendus entre les associés.

Les parties ont convenus entre elles que Benedetto est tenu et promet de donner et de livrer au seigneur Filippo un volume de chaque autre œuvre que Benedetto imprimerait et ferait imprimer dans la ville de Bologne pendant la durée de la société.

Et par ce contrat, le seigneur Filippo est tenu et obligé de régler les dépenses de gabelles bolognaises survenant à l'occasion de l'impression des volumes de cette œuvre qui seront envoyés hors de Bologne.

Et cette société etc. avec promesse réciproque etc. sous peine de cent ducats d'or etc. et cette peine etc. en réparation des dommages et des dépenses et en obligation des biens, avec renonciation aux bénéfices etc. serment selon l'usage des Anciens etc.

Fait à Bologne à la chapelle Santa Maria Magdalena, rue San Donato, dans la maison et l'étude dans la maison d'habitation de Filippo. Présents le seigneur Rainaldo fils du défunt Gasparo de Modène, clerc habitant à Bologne à la chapelle Santi Jacobi e Filippo et de Platisiis, et le seigneur Jacobo fils de *ser* Battista Beroaldo notaire de Bologne, et Francesco fils du défunt Gianpietro de Bertanorio, habitant de Bologne à la chapelle dite de Santa Maria Magdalena, qui disent etc. témoins etc.

Acte de moi Augustino Antonio notaire.

BOLOGNE, 28 AVRIL 1503

Source : Archivio di Stato di Bologna, Notai del distretto, b. 2054, n° 21.
Édition : Sorbelli, Tavoni, Rossi et Temeroli, 2004, doc. CCCLXXIII.

Ce contrat, qui est déjà le troisième connu concernant Benedetto di Ettore Faelli, témoigne de la plus grande stabilité et de l'autonomie croissante dont celui-ci bénéficie depuis les années 1490 et jusqu'à sa mort en 1523 (Serra Zanetti, 1959, p. 70-71). Il est particulièrement intéressant pour comprendre l'imbrication de la filière de l'imprimerie et du papier et le rôle pivot de certains acteurs. Benedetto di Ettore Faelli s'assure un approvisionnement en matière première, c'est à dire en papier, mais se pose pour cela en fournisseur de chiffons pour le papier avec lequel il travaille. Il s'agit là d'une intégration verticale, qui place le papetier dans une situation de forte dépendance économique, l'imprimeur étant à la fois fournisseur et client.

Bologne est un centre de production papetier important et le papier « *a fioretto* » utilisé par Benedetto di Ettore Faelli est considéré comme de qualité particulièrement bonne (Cioni, 1994). On compte peu d'exemples de ce type de contrats, qui devaient pourtant être particulièrement fréquents, étant donnée la consommation importante de papier induite par le développement des presses. Il s'agit d'une intégration plus poussée que le contrat de papetier de 1473 à Bologne (*Cf.* Bologne, 20 novembre 1473)

[Convention de maître Benedetto libraire]

MDIII, VIe indiction, XXVIIIe jour du mois d'avril, au temps de notre seigneur pape Alexandre VI.

Ulisse fils du défunt Ugolino Antonio, citoyen de Bologne de la chapelle Santa Maria Maioris, a confessé avoir eu de la part du maître Benedetto fils du défunt Hector, libraire (*librario*) de la chapelle Sant'Andrea, huit mille chiffons blancs (*strazorum alborum*) pour la fabrication de papier. Et ces chiffrons, Barnabas de'Bicheni, citoyen de Bologne, les a donnés et livrés audit Ulisse [les jours passés], au nom du dit maître Benedetto. En plus de ces huit mille, il a reconnu avoir eu du dit Barnabas au nom du dit maître Benedetto quatre mille chiffons blancs pour la réalisation de papier, ainsi qu'il est constaté dans les livres du dit Barnabas. Avec ces chiffons, ledit Ulisse est satisfait et se tient débiteur [du dit Benedetto présent] de cent quarante rames de papier à imprimer appelé « fleuri » (*carthe ad imprimendum nuncupate fioretam*), d'un poids de seize livres par rame, à raison de douze rames pour chaque millier de chiffons.

Au sujet de ces rames, ledit Ulisse a promis de donner et livrer chaque mois cinquante rames, en commençant le premier jour de ce contrat, et en poursuivant jusqu'à son achèvement. Et si par négligence ou défaut du dit Ulisse ces cinquante rames ne sont pas livrées, le maître Benedetto peut exiger du dit Ulisse vingt sous bolognais pour chaque rame de papier omise. Et Ulisse s'est obligé lui et ses héritiers. Et toutes ces choses etc. Sous peine de cent ducats etc. et cette peine etc. serment etc.

Fait à Tarpeia, au banc de moi notaire, présents *ser* Francesco de'Calligari de Rexa citoyen et notaire de Bologne, qui a dit etc. et Ludovico de Prato Veteri, citoyen et notaire de Bologne.

BOLOGNE, 27 MARS 1504

Source : Archivio di Stato di Bologna, Notai del distretto, b. 1137, Notaire Bartolomeo Verardi, n° 159.
Édition : Ce document n'a pas d'édition connue à ce jour.

Ce contrat est le deuxième qui implique Alaxia, veuve de Baverio de'Baveri. Celle-ci avait déjà fait imprimer les *Consilia* de son défunt mari en 1489 (*Cf.* Bologne, 15 juin 1489), en s'associant à Platone de Benedetti, avec qui Benedetto di Ettore Faelli, présent ici dans ce contrat, avait été associé au début de sa carrière.

Il a été largement remanié par le contrat suivant datant du 30 avril. Les œuvres à imprimer diffèrent : le commentaire de la partie des Décrétales mentionné ici (*Inforciati*, *De legatis*) ne semble pas avoir été imprimé. Les conditions financières sont largement revues. Cependant, la comparaison entre ces deux contrats permet de voir quels sont les éléments stables dans ces accords. Le contrat ici fait nettement la distinction entre les paiements qui relèvent du remboursement du papier et ce qui relève du salaire ou de la main d'œuvre : cette distinction sera abolie dans le contrat suivant, même si les montants gardent la trace de cette répartition.

Mille cinq cent quatre, septième indiction, vingt-septième jour de mars, pontificat du pape Jules deux.

Le prudent Benedetto fils du défunt Hector imprimeur de livre, citoyen de Bologne à la chapelle Sant'Andrea de Ansaldis, volontairement etc. a promis et est convenu par pacte et accord solennel etc. avec la magnifique dame Alaxia fille du défunt Pietro de Brocardis, veuve et autrefois épouse du très excellent … Baverio de'Baveri, d'établir, corriger et imprimer ou faire imprimer, bien, correctement, [avec ses lettres bonnes et habituelles], selon l'arbitrage d'hommes honnêtes les Lectures autrefois écrites et éditées par l'excellent docteur dans les deux droits, le seigneur Marcantonio de'Baveri, fils de la dame Alaxia et du seigneur de'Baveri, sur la deuxième partie de l'*Infortiati*, c'est-à-dire *De legatis*, et d'autres titres et écrits composés, jusqu'au nombre de six cents [lectures] au total. Il a promis de faire imprimer ces lectures, de les terminer ou de les faire imprimer pour le quatrième jour du mois d'octobre de cette année.

Il a fait cela parce qu'en retour, la dame Alaxia a promis audit Benedetto présent de lui donner et de lui livrer les exemplaires de ces Lectures, bonnes et correctes, selon l'arbitrage d'hommes honnêtes, et a promis de lui donner tout le papier dont il pourrait avoir besoin pour la fabrication et l'impression (*fabricandi et stampandi*) de toutes ces Lectures. [Ledit Benedetto doit livrer ou faire faire ce papier et la dame Alaxia doit en supporter les frais et dépenses, et elle y est tenue] Elle doit payer pour ce papier selon les modalités suivantes. À savoir que la dame Alaxia [[35]…], en présence de témoins chez moi, notaire, a donné et a payé manuellement cent livres bolognaises, en monnaie d'or et en petite monnaie, à *ser* Benedetto présent pour part du prix de ce papier. Dans la mesure où ledit Benedetto a dit avoir reçu cette quantité d'argent etc. il a renoncé à toute clause etc. Elle a promis de donner

35 Rajout infralinéaire très difficile à lire.

et payer audit Benedetto présent le reste du prix du papier, au prix de trois livres bolognaises pour chaque rame de papier qui sera imprimée pour ces lectures etc. dans un délai et un terme de quatre mois après que les lectures aient été complètement achevées et imprimées. Après que toutes les Lectures auront été achevées, la dame Alaxia a promis [en plus du reste] de donner au dit Benedetto présent, pour son travail, son commerce et son salaire (*pro labore, et mercede ac salario*) dans l'impression (*in stampando et stampari faciendo*) de ces Lectures [...] trois livres bolognaises en monnaie courante pour chaque rame de papier imprimée ou en cours d'impression et qui sera imprimée pour les Lectures. Et dans un délai et un terme de deux ans à venir, ils doivent être liés pour cette durée, en vue d'achever et d'imprimer toutes ces Lectures.

La dame Alaxia a promis de faire tous ces paiements audit Benedetto dans les termes et les modalités dites, en particulier dans la ville de Bologne et en général etc. avec accord sur gage etc.

Par cet accord, si ledit Benedetto vendait ou faisait vendre des Lectures imprimées avant la fin du terme prévu pour ces paiements du prix du papier ou de son travail (*solutiones precii cartarum et mercedis*), ce que ledit Benedetto a le droit de faire, le prix doit être retranché et retenu du prix du papier dans les comptes de son travail et de son salaire (*mercede et salario*) qui lui est dû comme dit plus haut, et ainsi pour toutes les Lectures qui seront vendues, s'il arrivait qu'elles doivent être vendues jusqu'à la fin du terme prévu plus haut.

Tout cela etc. sous peine de cent ducats etc. cette peine etc. en réparation des dommages etc. des dépenses etc. obligation des biens, renonciation aux bénéfices et ... etc. serments etc.

Fait à Bologne à la chapelle San Michele de Barxetto dans la maison de la dite dame Alaxia dans la chambre supérieure de sa maison. Présents l'excellent docteur en droit, le seigneur Jacobo fils du défunt *ser* Simone de Gandalottis de Coderuncho d'Imola, le seigneur Girolamo fils de *ser* Paolo de'Marchoni d'Imola, étudiant en droit et habitant de Bologne, Agostino fils du défunt Morello ... Tous témoins habitants etc. tous ont dit etc.

Acte de moi, Bartolomeo Verardi

BOLOGNE, 30 AVRIL 1504

Source : Archivio di Stato di Bologna, Notai del distretto, b. 1137, n° 160.
Édition : Sorbelli, Tavoni, Rossi et Temeroli, 2004, doc. CCCLXXVIII.

Plusieurs rajouts sur ce document n'ont pu être déchiffrés. On notera cependant que beaucoup des rajouts inframarginaux concernent la qualification du travail demandé et des matériaux, comme s'il était encore nécessaire en 1504 d'expliciter autant que possible ce que recouvre l'action d'imprimer.

Ce contrat mêle la commande de l'impression, dont les exemplaires peuvent être vendus par l'imprimeur mais mis au compte d'Alaxia, et un contrat de location, dont le loyer sert de variable d'ajustement pour la commanditaire. Il fait suite au contrat précédent du 27 avril (*Cf.* Bologne, 27 avril 1504).

On connait les trois éditions qui correspondent à ce contrat : *Tractatus de virtute & viribus juramenti*, imprimé en 1504[36] ; *Tractatus de mora* imprimé en 1504[37] ; *Comentaria super institutiones*, imprimé en 1507[38]. Les deux premiers sont de petits fascicules in-folio, respectivement de 10 et 8 folios, dont l'imprimeur et la commanditaire espéraient visiblement une très large diffusion avec un tirage d'un millier d'exemplaires chacun.

Mille cinq cent quatre, septième indiction, trentième-et-unième jour d'avril, au temps du pontificat de notre seigneur pape Jules II.

Le prudent maître Benedetto fils du défunt Ettore, libraire (*bibliopola sive librarius*), citoyen de Bologne de la chapelle Sant'Andrea de Ansaldis, volontairement etc. pour lui et ses héritiers, a promis et est convenu par contrat et stipulation avec la magnifique dame Alaxia fille du défunt Pietro de Brocardi, veuve et autrefois épouse du très excellent docteur en arts et médecine, le seigneur maître Baverio de'Baveri [de la chapelle San Michele de Leproseto], présent et acceptant etc. d'imprimer, de composer ou de faire imprimer, composer et établir (*stampare componere [et imprimere] et seu stampari, [imprimi], componi et stabiliri facere*), avec des lettres bonnes et conformes et du bon papier (*de bonis et congruis litteris et bona carta*), correctement, diligemment et selon l'arbitrage d'hommes honnêtes, la

36 N° EDIT16 CNCE 4657.
37 N° EDIT16 CNCE 4658.
38 N° EDIT16 CNCE 4659.

lecture donnée, composée et écrite par le très excellent docteur dans les deux droits, le seigneur Marcantonio de'Baveri, fils défunt de la dite dame Alaxia, au sujet de *Verborum obligationibus* et d'autres titres et rubriques, sur lesquels Marco Antonio a écrit alors qu'il en donnait la lecture ordinaire[39]. Tous les frais reviennent au maître Benedetto, c'est-à-dire le papier et l'impression et toutes les choses nécessaires et opportunes pour en imprimer jusqu'à six cents [les volumes ne devant pas[40]...], au total. Et il [a promis] de commencer à faire imprimer cet ouvrage dans les deux années à venir commençant aujourd'hui et jusqu'à son achèvement ; et cet ouvrage commencé dans ce délai, de poursuivre cette tâche (*laborerio*) et de le faire poursuivre jusqu'à l'achèvement complet de toutes ces six cents Lectures, bien, diligemment, correctement, selon l'exemplaire qui lui a été transmis et selon l'arbitrage d'hommes honnêtes. En outre, il a [volontairement] promis de faire imprimer et de faire établir avec des lettres bonnes et correctes et du bon papier selon l'arbitrage d'hommes honnêtes, [pour la dame Alaxia], deux traités composés et édités par ledit seigneur Marcantonio, c'est-à-dire l'un sur la vertu du serment et l'un autre sur les délais ; et pendant tout le mois de juillet prochain, de l'achever ou faire achever diligemment et correctement, comme dit plus haut, c'est-à-dire mille traités et mille volumes de chacun de ces traités.

Le maître Benedetto a ainsi fait parce qu'en retour, la dame Alaxia a promis à Benedetto présent etc. de lui donner et payer pour son travail, son commerce et ses dépenses de papier (*pro suo labore mercede et expensa carte*) six livres bolognaises [...][41] au total pour chaque rame (*risma*) [de papier] imprimées et achevées [...][42], et à chaque rame [de papier] achevées de cette manière.

En outre, la dite dame Alaxia volontairement a donné, concédé et loué en pension au maître Benedetto présent etc. une maison couverte de tuiles, avec deux cours, l'une de terre et l'autre pavée, à Bologne à la chapelle San Michele de Leburseto dans la *contrata* ou la rue principale, à côté de la maison de la dite magnifique dame Alaxia et des héritiers du dit maître Baverio, près de la rue publique de cette *contrata*, près de leurs biens de Ixollanis et d'autres confins, pour la durée de six ans à venir, commençant à la fête de Saint-Michel au mois de septembre de cette année et finissant comme suit ; donnant etc. et promettant etc.

39 Sous-entendu : à l'université de Bologne.
40 Passage illisible.
41 Rajout illisible.
42 Rajout illisible.

Elle a fait ainsi parce que le maître Benedetto a promis de payer pour loyer ou au titre du loyer de cette maison cinquante livres bolognaises chaque année, pendant les dites six années, sauf ce qui suit : du loyer doit être déduit et compensé les six livres citées ci-dessus pour chaque rame imprimée et en cours d'impression, selon les formes dites, proportionnellement audit loyer [...][43].

Par ce contrat accepté entre eux, avant que ledit Benedetto aura commencé à faire imprimé ces Lectures de *Verborum obligationibus* et avant le terme des deux années qui lui ont été concédées pour commencer à imprimer et faire imprimer ces Lectures, si le même maître Benedetto a acheté ou fait faire le papier pour l'impression de ces Lectures et a dépensé pour ce papier ou devra dépenser de l'argent [nécessaire...] pour ce papier, alors il doit défalquer et diminuer le prix des cinquante livres du loyer de la dite maison de l'argent dépensé dans l'achat de ce papier, à raison de dix livres bolognaises pour chaque centaine de [livres] bolognaises dépensées. Si la fabrication du papier coûte une centaine de plus atteignant deux cents livres, dix livres sont enlevées et défalquées du loyer. Si le prix et la valeur sont de deux cents livres, ils sont diminués de vingt livres. Et si le papier est d'un prix et d'une valeur de trois cents, les loyers sont diminués de trente livres. De sorte qu'il doive payer le loyer en enlevant dix livres pour chaque centaine, qui sont des centaines de livres bolognaise pour toutes les dépenses liées à l'achat du papier.

De même ils conviennent que la dame Alaxia est tenue et s'oblige à donner, livrer et consigner audit maître Benedetto ou à lui faire donner et consigner en temps voulu des exemplaires des Lectures sur les *de Verborum Obligationis* et des traités cités, parfaitement, correctement et sans diminution, de sorte qu'il puisse et qu'il soit possible de commencer à fabriquer et faire fabriquer les leçons et traités cités dans les conditions et délais impartis.

Quand ces Lectures seront achevées, le maître Benedetto est tenu d'avoir le reste du prix (*residuo precii*) de la part de la dame Alaxia, qui doit le payer dans un délai de deux ans après le jour de l'achèvement de ces Lectures sur les *de Verborum obligationis.* Et si entre temps ledit Benedetto a vendu certaines de ces Lectures, il doit recevoir leur prix selon ce qui a été convenu et le mettre au compte de la dame Alaxia.

43 Rajout marginal illisible.

Et toutes ces choses etc. sous peine de deux cents ducats etc. sous peine etc. réparation des dommages et des dépenses etc. obligations des biens etc. renonciation des bénéfices et particulièrement etc. serment etc.

Fait à Bologne dans la chapelle San Michele de Leborseto dans la chambre supérieure de ladite dame Alaxia. Présents *ser* Giovanni de Gratis et le seigneur Girolamo fils de *ser* Paolo de'Marchioni de Imola, étudiant en droit et habitant de Bologne dans cette chapelle, témoins etc. qui tous les deux disent etc.

Acte de moi Bartolomeo Verardi.

VENISE

Venise connaît un très fort développement de ses presses, qui font de la cité dès les années 1480 la première productrice de livres imprimés en Europe. Entre Johann de Spire, le premier imprimeur de la ville qui commence son activité en 1469, et le début du XVIe siècle, le milieu économique se structure et s'élargit, composé d'une multitude d'acteurs très fortement hiérarchisés (Kikuchi, 2018b). Les livres produits à Venise se retrouvent sur l'ensemble du marché européen, particulièrement les éditions universitaires qui sont l'une des spécialités de la ville. L'historiographie concernant les débuts de l'imprimerie vénitienne est particulièrement riche (Lowry, 1989 ; Salzberg, 2014).

Les contrats vénitiens sont comparativement peu nombreux au regard de la production typographique de la ville. La conservation des actes notariés a connu de forts aléas. Il est probable que des contrats nombreux aient été conclus, mis par écrit et portés devant notaire : les traces en sont cependant assez ténues. Nous avons choisi de présenter ici certains actes, qui ne sont pas les contrats originels, mais qui sont des accords qui leur font suite. Les fonds de conservation de ces documents sont également beaucoup plus divers qu'à Bologne, certaines copies de contrat se retrouvant même dans des archives trévisanes ; d'autres dans les fonds d'institutions ecclésiastiques ; d'autres encore dans des cartons de miscellanées des Archives d'État.

VENISE, 24 MAI 1473

Source : Archivio di Stato di Treviso, Notarile, I, b. 1436, notaire Guastalignamine da Oderzo.
Édition : Contò, 2003, p. 105-106.

Cet accord, rédigé en latin, est l'une des sources par lesquelles nous connaissons les accords originels conclus pour l'impression de bréviaires et de missels à Venise, impliquant Ismerio Querini, Gabriele Soro et Jacques Le Rouge. Le contrat originel n'est pas connu mais il est rappelé en partie ici. Ismerio Querini est membre de la famille patricienne des Querini ; il s'associe à nouveau avec Jacques Le Rouge pour l'impression des œuvres d'Ovide : cette collaboration se termine par un procès que Querini perd, pour avoir manqué de fournir le papier à Jacques Le Rouge, contraignant l'imprimeur au chômage technique (Gasparrini Leporace, 1967)[1]. On voit à la fin de cet accord une allusion à ce problème récurrent de l'approvisionnement continu en papier.

Ismerio Querini est l'un des rares membres du patriciat dont on soit certain de l'investissement financier dans l'imprimerie – avec le cas bien connu de Giovanni Bartolomeo Barbarigo, financeur d'Alde Manuce (Pastorelli, 1965). Quelques autres familles semblent avoir été impliquées dans l'imprimerie, comme les Donà ou les Gradenigo, mais sans que la part financière soit aussi clairement établie (Kikuchi, 2018b, p. 182-185). Jacques Le Rouge de son côté est un imprimeur d'origine française, qui imprime à Venise entre 1473 et 1478, notamment en collaboration avec un autre Français, Nicolas Jenson. Les crises successives que connaissent les presses de la ville finissent par faire partir Jacques Le Rouge pour la Terre Ferme et au-delà : il imprime à Pinerole, Embrun et Rome…

Ce contrat, comme le suivant (*Cf.* Venise, 27 novembre 1473), se trouve dans les archives de Trévise, dans un carton regroupant des matrices de plusieurs notaires différents. Cependant, Guastalignamine da Oderzo a bien exercé à Venise, comme l'atteste plus explicitement le document suivant. Ces matrices ont sans doute été déplacées à Trévise dans le cadre de la domination vénitienne et de la circulation de certains individus en Terre Ferme (Netto, 1990).

1 ASVe, Giudici di Petizion, Sentenze a Gustizia, b. 159, f° 44.

Le 24 mai 1473

Le seigneur Ismerio Querini fils du seigneur Baldo d'une part, maître Jacques Le Rouge imprimeur d'autre part, et *ser* Gabriele Soro vénitien d'autre part, ont fait ensemble une société (*societatem*) pour imprimer des bréviaires et des missels, ainsi qu'il apparaît dans l'instrument fait et écrit de ma main par moi, notaire, le XVIIIe jour de ce mois.

À présent, une fois faite la description et l'exposé des dépenses qui sont intervenues pour cette impression (*stampationem*), ils sont arrivés à une somme supérieure aux cinquante ducats initialement prévus dans cet instrument, et cela pour l'actionnement des presses et la duplication des lettres et de l'impression la composition, en raison des lettres rouges à réaliser pour ces volumes dont il a été décidé que le même *ser* Marino ledit Gabriele Soro devait les faire. Pour cette raison, *ser* Marino puisqu'il a été nécessaire que le seigneur Ismerio ait dépensé cinquante ducats en plus des premiers qu'il avait promis de dépenser dans le premier instrument, ledit *ser* Gabriele s'est volontairement déclaré débiteur du seigneur Ismerio de ces cinquante ducats d'or, et a promis et s'est obligé à les donner au seigneur Ismerio selon son bon plaisir. De plus, le seigneur Ismerio est libre de demander le remboursement de ces cinquante ducats sur la portion des volumes reçus par *ser* Gabriele, ou de les prélever sur les premiers gains (*denariis*) tirés de ces volumes en fonction de la part revenant audit *ser* Gabriele pour cette société.

Pour plus de sécurité pour le seigneur Ismerio, Gabriele s'est obligé, lui et ses héritiers auprès du seigneur Ismerio et engageant tous ses biens mobiliers et immobiliers, présents comme futurs, et sa personne en prison[2], en déclarant que si ce qui est mentionné plus haut ne se produit pas pour quelque raison que ce soit, que les volumes soient brûlés ou volés, alors ledit *ser* Gabriele, avec ses héritiers et successeurs, sera tenu au remboursement de ces cinquante ducats, dans la mesure où ledit seigneur Ismerio les a déboursés.

Témoins le prêtre Alvisio Bataverio de l'église Sant'Eufemia de la Giudecca et *ser* Francesco Guareno fils du défunt[3]..., étudiant de Padoue.

Et ces témoins étant présents, le seigneur Ismerio a donné à Jacques Le Rouge seize ducats d'or[4]... En retour cependant, maître Jacques ne

2 Sous-entendu : « pouvant être détenue en prison ».
3 Illisible.
4 Illisible.

peut pas commencer à imprimer ces volumes ni préparer les trois presses pour l'impression de ces volumes. Il est tenu de les préparer et à ne jamais s'arrêter d'imprimer, jusqu'à l'achèvement de tous les volumes imprimés, si le seigneur Ismerio lui fournit le papier et l'argent pour qu'il puisse imprimer.

Les témoins attestent etc.

VENISE, 27 NOVEMBRE 1473

Source : Archivio di Stato di Treviso, Notarile, I, b. 1436, notaire Guastalignamine da Oderzo.

Édition : Contò, 2003, p. 103-104.

Ce contrat en latin, passé à Venise bien que conservé dans les archives trévisanes, fait intervenir Jacques Le Rouge, déjà croisé dans le document précédent (*Cf.* Venise, 24 mai 1473), ainsi que Johann Rauchfass, l'un des plus importants acteurs des débuts de l'imprimerie vénitienne. Il est d'abord un marchand généraliste, membre d'une des plus grandes compagnies commerciales de Francfort, la compagnie Bromm et Stalburger (ou Stalburg), dans laquelle il est d'abord apprenti puis facteur (Dietz, 1910-1921, p. 280-288 ; Braunstein, 2016, p. 255-258). Il est également associé à l'imprimeur français à Venise, Nicolas Jenson : ses deux activités semblent largement imbriquées, puisque dans son testament de 1478, il cherche à régler les comptes entre la compagnie marchande et l'entreprise typographique[5]. Il réside à Venise pour plusieurs années et est désigné comme « marchand du Fondaco », bien qu'il ne parle pas suffisamment le vénitien pour avoir pu dicter son testament dans cette langue et a recours à des traducteurs. Johann Rauchfass est exemplaire de l'implication de ces marchands généralistes allemands qui ont largement permis le développement de l'imprimerie de la ville en injectant le capital du grand commerce dans des presses, tenues par des Allemands ou des Français, à l'image également à la même époque de Johann de Cologne et Johann Manthen, responsables de l'autre grande compagnie typographique de la ville. On notera d'ailleurs que Johann Rauchfass, associé avec Nicolas Jenson, s'associe ici plus ponctuellement avec un autre Français, Jacques Le Rouge, dont les liens personnels avec Jenson sont connus (Arnauldet, 1905).

5 Philippe Braunstein en fait une analyse commerciale, une édition puis une analyse des mécanismes des legs dans (Braunstein, 2016, p. 739-740 et 894-906).

Ce contrat présente des conditions très habituelles : les frais sont répartis entre l'investisseur, qui fournit le papier, et l'imprimeur, qui a l'usage du matériel et finance les salaires des ouvriers. Les gains sont attribués pour deux-tiers à Rauchfass et un tiers à Le Rouge, selon le modèle de la *commenda*. Cependant, l'imprimeur reçoit également un montant fixe en supplément. Il est probable que Rauchfass soit responsable de la commercialisation et, particulièrement, de la distribution sur longue distance, étant donné les réseaux dans lesquels il s'insère. Le Rouge, quant à lui, dispose sans doute des presses, dont il est fait mention, et est sans doute juge de la qualité du papier fourni, ce qui pourrait permettre de vendre les livres plus chers et donc de générer davantage de profit.

Au nom du Christ, amen. En l'an de la Nativité mille quatre cent soixante-treize, sixième indiction, vingt-septième jour de novembre, à Venise, dans la maison de moi notaire, située dans la *contrata* de Santa Maria Formosa. Présents le seigneur prêtre Lodovico Batario, fils du défunt *ser* Jacobo de la *contrata* de sant'Eufemia de Giudecca, bénéficiaire de l'église de San Felice ; *ser* Dominico del Zonta fils du défunt *ser* Bernardo de la *contrata* de Sant'Eufemia ; et *ser* Bono Antonio Rubeo, marchand de vin, témoins appelés à cette occasion et attestant.

Ici, le noble homme Johann Romphas[6] fils du défunt Johann de Francfort, marchand dans le Fondaco des Vénitiens[7] d'une part, et maître Jacques Le Rouge, français, imprimeur de livres d'autre part, volontairement, librement, en toute connaissance de cause et non par erreur, ont eu recours auxdits accords, transactions et pactes. À savoir que ledit maître Jacques Le Rouge a promis et s'est obligé à imprimer les œuvres intégrales d'Ovide en un volume et à en imprimer six cent vingt volumes, en lettres antiques belles, bien imprimées et correctes, et cela aux frais de maître Jacques. Six cent vingt volumes doivent être imprimés par le maître Jacques et treize cahiers (*quinterni seu quaterni*) ont été déjà imprimés. Il est tenu de poursuivre l'impression de ceux-ci rapidement, dès qu'il a reçu le papier de la part du seigneur Johann, et de ne pas arrêter l'impression pour quelque raison que ce soit, tant qu'ils ne sont pas intégralement imprimés, et avec quatre presses au moins.

6 C'est-à-dire Johann Rauchfass.
7 C'est-à-dire le Fondaco des Allemands à Venise.

Alors, le seigneur Johann doit et est tenu de donner au maître Jacques quatre-vingt ducats d'or pour les dépenses, sur lesquels il promet de donner dès à présent cinquante ducats d'or; et le reste des quatre-vingt ducats, il promet au maître Jacques de les livrer pour les dépenses au fur et à mesure que le maître Jacques réalisera ce travail (*opus*), jusqu'à ce que l'impression de ces volumes et les dépenses soient terminées.

Le seigneur Johann est également tenu de donner au maître Jacques dès à présent tout le papier bon et suffisant nécessaire pour imprimer et achever ces six cent vingt volumes. Tout le papier doit être payé par ledit seigneur Johann, sans aucune dépense du maître Jacques.

Une fois que ces six cent vingt volumes seront achevés, ils doivent être divisés entre eux de la manière suivante : deux-tiers de ces volumes doivent revenir au seigneur Johann marchand, et le tiers restant au maître Jacques. Tous les volumes doivent être déposés en une fois soit à la boutique soit à l'entrepôt au nom des dites parties, sous deux clefs, chacun gardant l'une des clefs. Les volumes doivent être vendus au prix de trois ducats par volume au moins, et au fur et à mesure que ces volumes seront vendus et expédiés, ils doivent diviser le prix (*precium*) entre eux en tiers : un tiers devient au maître Jacques et les deux-tiers restants au seigneur Johann. Et si les volumes ont été faits sur du bon papier, le surcoût doit être réparti pour moitié entre eux[8].

Chacune des parties a promis de respecter, tenir et observer fermement ces accords et ces pactes, de ne contrevenir à aucune clause sous peine de cinquante ducats d'or à payer par partie ne respectant pas cet accord; si l'amende est payée, les clauses susmentionnées se poursuivront et auront validité, à quoi les parties s'obligent ainsi que leurs héritiers, et tous leurs biens mobiliers et immobiliers, présents et à venir, et leurs personnes pouvant être détenues en prison où que ce soit.

Les parties ont également déclaré à la fin de cet instrument que les dépenses qui interviendraient pour la correction de ces volumes et des exemplaires doivent être réparties pour moitié entre eux.

Moi, Giovanni Dominico notaire ratifie etc.

8 La traduction de ce passage reste obscure : « *tractum illorum ire debeat pro dimidia inter eos* ».

VENISE, 14 MARS 1478

Source : Archivio di Stato di Venezia, San Giovanni in Laterano, Pergamene, b. 3, nº 33.
Édition : Fulin, 1882, p. 84-212[9].

Ce document, rédigé en latin, est un instrument notarié, copié sur un rouleau de parchemin et authentifié par le *signum* du notaire. Contrairement à la plupart des autres sources présentées, il ne s'agit donc pas du document original conservé chez le notaire. La raison de sa conservation dans les archives de San Giovanni in Laterano à Venise est inconnue.

Nicolas de Francfort imprime son premier ouvrage à Venise en 1473 et s'installe durablement dans la ville jusqu'à sa mort en 1524 ou 1525 (Kikuchi, 2014). Il joue très vite le rôle d'éditeur commercial, comme c'est le cas dans ce contrat, qu'il conclut avec un autre imprimeur allemand, Leonard Wild. Originaire de Regensbourg, on sait peu de choses sur ce dernier, qui n'est actif à Venise qu'entre 1478 et 1481. Il est l'un des nombreux collaborateurs allemands de Nicolas de Francfort pendant son activité, pour qui il imprime au moins deux éditions : cette Bible en 1478 et le *Summa de casibus conscientiae* d'Astesanus d'Asti en 1480[10]. Les années 1470 sont encore marquées à Venise par une forte prédominance germanique dans le monde de l'imprimerie en plein développement à Venise depuis la mort en 1470 du premier imprimeur de la ville, Johann de Spire (Braunstein, 1981). L'imprimerie vénitienne est cependant encore très largement dominée par les deux grandes compagnies typographiques, celle de Nicolas Jenson d'une part côté, et, d'autre part, celle de Johann de Cologne et Johann Manthen de l'autre : les autres acteurs du marché doivent se positionner sur des créneaux distincts, ce qui explique sans doute en partie que Nicolas de Francfort développe une activité tournée vers l'édition religieuse et liturgique. Les quatorze éditions connues de Leonard Wild à Venise sont davantage diversifiées, malgré une présence qui reste notable des éditions religieuses et théologiques. Lors des années 1478-1479, Leonard Wild imprime plusieurs éditions in-folio volumineuses, ce qui témoigne de sa capacité de production ainsi que de sa capacité à trouver des financements pour ce type d'entreprises coûteuses[11]. On sait cependant peu de chose de l'organisation concrète de son atelier.

---

9 Attention : la référence archivisitique mentionnée dans (Fulin, 1882) est incomplète.

10 Nº ISTC ib00558000 et ia01169000.

11 La deuxième partie de la *Somme* (Nº it00215000) et le commentaire sur le quatrième livre des *Sentences* de Thomas d'Aquin (Nº it00169000) en particulier.

Ce contrat laisse penser que dès 1478, Nicolas de Francfort avait une activité éditoriale plus que typographique, dans le sens où il n'imprimait pas lui-même, mais finançait et déléguait le travail à d'autres ateliers et à des acteurs dont la capacité économique était moins importante. Malgré son absence d'implication directe dans le travail d'impression, il est probable que Nicolas de Francfort ait acquis des compétences techniques et une expertise lui permettant de juger de la qualité du travail effectué ou des matériaux utilisés. Cette position d'investisseur se poursuit dans les années qui suivent. Les testaments de Nicolas de Francfort en 1519 et 1526 montrent un individu très bien inséré dans les réseaux de la ville, notamment via son mariage et celui de sa fille, ainsi qu'à travers sa participation aux confréries de la ville[12].

Au nom du Christ Amen. En l'an 1478 de la Nativité, onzième indiction, samedi quatorze mars, à Venise, Rialto, écrit dans l'étude de moi, notaire public. Présents *ser* Silvestro fils du défunt *ser* Antonio Galinario de Rialto, et *ser* Antonio Strizo, fils du défunt *miser* Paxini, habitant le district de Dexio Mestre, témoins de l'énonciation et de la publication de cet acte.

Maître Leonard fils du défunt *ser* Girardo de la Ymania de Rassani, imprimeur (*impressor*) du *confinio* de San Benedetto de Venise, d'une part, et le respectable seigneur Nicolas fils du maître Arrigo de Francfort, allemand, d'autre part, et chacun d'eux, pour lui-même et ses héritiers et successeurs, volontairement et solennellement ont et ont eu recours à ces compositions, pactes, accords et transactions.

D'abord, ledit maître Leonard doit imprimer ou faire imprimer (*imprimere sive stampare vel stampare facere*), bien, diligemment, de bonne foi et sans fraude pour ledit seigneur Nicolas les livres de la Bible en neuf cent trente exemplaires, sur du papier commun (*carta comuni*), tous les frais et intérêts revenant au maître Leonard ; et ce pendant tout le mois de juillet prochain à venir, lesquels livres il doit avoir donnés et consignés à ce terme au seigneur Nicolas dans la ville de Venise, sans aucune exception. De même le maître Leonard ne peut pas imprimer ni faire imprimer d'autres exemplaires de la Bible pendant cette période, à l'exception du nombre prévu pendant les neuf mois suivants.

12 ASVe, Cancelleria inferiore, Miscellanea, b. 29, n° 2936 ; ASVe, Notarile, Testamenti, b 66, n° 320, édité dans (Braunstein, 2016).

En retour ledit seigneur Nicolas a promis au maître Leonard de lui donner et de lui payer, pour son travail et son impression de ces livres (*pro eius labore et impressione predictorum librorum*) deux cent quarante-trois ducats d'or, et tout le papier nécessaire pour leur impression. Et sur ces neuf cent trente livres, le seigneur Nicolas doit en avoir jusqu'à neuf cent dix ; le reste doit aller au maître Leonard. Le seigneur Nicolas doit et est tenu de donner et de payer au maître Leonard la somme d'argent selon ces modalités, à savoir : toutes les fois que ledit maître Leonard donnera et livrera ou aura donné et consigné audit maître Nicolas un cahier (*quinternum*) de tous ces livres, alors ledit seigneur Nicolas est tenu de donner cinq ducats, et ainsi de la même manière cinq ducats de cahier en cahier (*de quinterni in quinternum*) qui sera livré, jusqu'à arriver au paiement complet de deux cent quarante-trois ducats, sans aucune exception.

Ledit seigneur Nicolas est aussi tenu de donner au maître Leonard le papier, au bon plaisir du maître Leonard, pour leur impression et aux frais du seigneur Nicolas.

Si certaines feuilles parmi ces livres n'avaient pas été bien imprimées, de sorte qu'elles ne plaisent pas audit seigneur Nicolas, en ce cas le maître Leonard est tenu de les refaire à ses frais, le seigneur Nicolas fournissant le papier, comme il a été dit. Et ainsi le pacte est conclu et est solennellement stipulé.

Sur chacune des choses dites ci-dessus, les parties citées ont promis de s'y tenir fermement et réciproquement et de ne pas contrevenir ni venir ni opposer ou tenter quiconque, sous peine de payer tous les dommages, dépenses et intérêts, qu'ils pourraient tour à tour subir en ne respectant pas ce qui a été convenu. Et ils se sont obligés à l'observation de toutes les prémisses, ensemble et réciproquement, et sur tous leurs biens, propriétés, héritiers ou successeurs, présents comme futurs ; et par la détention de leurs personnes dans les prisons vénitiennes et au-delà, jusqu'au respect de toutes les prémisses.

[*Signum* du notaire] Moi Paxino fils du maître Pietro de'Grataroli, notaire public impérial missionné par le roi et juge, habitant dans la paroisse de San Salvador de Venise, toutes ces choses ayant été requises, j'ai transcrit, écrit et ratifié.

VENISE, 2 JUILLET 1486

Source : Archivio di Stato di Venezia, Miscellanea atti diversi manoscritti, b. 151, n° 13.
Édition : Predelli, 1886, p. 190-192.

Ce document est écrit en langue vernaculaire. Il ne porte pas de marque d'authentification notariale, cependant la main du début du document semble différente de celle d'Annibale Fosio qui le poursuit : les associés ont peut-être fait appel à un scribe. Ceci étant, cet accord a été passé entre les parties prenantes, mais sans validation extérieure. Le même document sert également à tenir des comptes sommaires au fur et à mesure de la production.

Annibale Fosio est impliqué dans un des contrats trévisans présentés dans ce volume : apprenti à Milan, partenaire d'une association typographique à Trévise (*Cf.* Trévise, 23 février 1482), il fait paraître une première édition à son nom en 1485, en association avec son partenaire de Trévise, Bartolomeo de'Confalonieri, et avec Marino Saraceno, également cité ici. L'éditeur qui fournit le papier est Francesco de'Madi, grand libraire vénitien, connu pour son livre de compte très détaillé et l'importance de son commerce, tant à Venise qu'ailleurs en Italie du nord (Dondi et Harris, 2013 ; Dondi et Harris, 2014). Il fournit ici le papier et les caractères typographiques, tandis qu'Annibale et son partenaire, Marino Saraceno, impriment à leurs frais les 1700 volumes prévus. Marino Saraceno est actif à Venise jusqu'en 1490, puis est impliqué dans des collaborations typographiques à Lyon à partir de 1491, mais on sait très peu de choses sur lui.

Annibale et Marino semblent avoir poursuivi seuls leur partenariat : Bartolomeo de'Confalonieri disparaît des colophons après 1485. Les deux associés ont déjà imprimé pour Francesco de'Madi les *Quaestiones* de Thomas d'Aquin en 1486[13]. L'œuvre concernée ici est le *Confessionale* (autrement appelé *Defecerunt* ou *Summa*) d'Antonin de Florence, qui paraît en 1487-1488[14]. Les comptes sont sans doute tenus par Annibale au fur et à mesure de la livraison de papier. Dans la mesure où l'édition est signée seulement par Marino, on peut imaginer que d'autres éditions de ces années-là, dans lesquelles le nom d'Annibale n'apparaît pas, sont issues de cette collaboration. Nous connaissons la formation technique d'Annibale : celui-ci étant encore au début de sa carrière, il est possible qu'il soit toujours sous la direction de

13 N° ISTC it00188000.
14 N° ISTC ia00866000.

Marino Saraceno, qui dirige l'atelier. Cependant, le fait que ce document soit écrit par Annibale laisse entendre qu'il assume des responsabilités au sein de l'association – à moins que cela ne soit dû à sa plus grande facilité d'écriture, ce qui est visible en comparant les écritures des deux souscriptions.

+ 1486, le 2 juillet à Venise

Qu'il soit connu et manifeste à qui verra cet écrit que Annibale de Parme et Marino Saraceno, compagnons et imprimeurs (*compagni et stampadori*), sont d'accord avec Francesco de'Madi pour imprimer la *Antonina defecerunt*, de la manière suivante, c'est-à-dire : Annibale et Marino doivent imprimer cette œuvre à leurs frais, et Francesco doit leur donner le papier et les laisser imprimer avec ses lettres (*ne la sua littera*). Ledit Francesco doit avoir d'abord, pour le papier, la moitié de l'œuvre, c'est-à-dire jusqu'à atteindre la moitié de la quantité de papier ; et pour les lettres, il doit avoir cent volumes supplémentaires. Et déclarant que lesdits Annibale et Marina ne peuvent pas imprimer plus de mille sept cents volumes de cette œuvre. Et pour plus de clarté, Annibale et Marino y souscrivent de leur propre main, se promettant l'un et l'autre tout ce qui a été écrit ci-dessus.

Moi Annibale de Parme imprimeur (*stampadore*), je suis satisfait de ce qui est écrit ci-dessus[15].

Moi Marino sus-cité, je suis satisfait de ce qui est écrit ci-dessus[16].

De même moi Annibale et Marino déjà cités avons reçu deux balles de papier à dix rames par balle, ce qui fait au total en rames[17]

n° 20

Marino a eu ce jour 18 août vingt-trois rames de papier c'est-à-dire

n° 23

De même il a eu ce jour 26 août trente-quatre rames de papier c'est à dire n° 34

De même il a eu ce jour 6 septembre quatre rames de papier c'est-à-dire

n° 4

15 Changement de main pour ce paragraphe.

16 Changement de main pour ce paragraphe.

17 À partir de cette ligne, le document est de la main d'Annibale.

Ce qui fait 8 balles de papier	930 volumes	5 feuilles
Et pour les lettres	100 volumes	
Somme	1030	5 feuilles

[Écrit d'Annibale et Marino pour l'*Antonina defecerunt*.[18]]

VENISE, 25 JUIN 1507

Source : Archivio di Stato di Venezia, Miscellanea di carte non appartenenti ad alcun archivio, b. 32[19]. Cette traduction se base sur le document original, sachant qu'une copie en a été réalisée, présente à la même côte.
Édition : Fulin, 1882, p. 401-405. Une nouvelle édition et traduction en anglais, ainsi qu'une analyse détaillée, sont proposées dans Panzanelli Fratoni, 2023, p. 298-309.

Ce document est écrit en vernaculaire de la main de l'un des associés, Silvestro de'Torti, d'une belle écriture, sans rature et sans authentification par un notaire. Quel que soit le lieu où il a été conservé, il semble avoir été stocké dans des archives organisées. Outre les traces de pliages, le revers du document comporte un résumé de l'accord et, surtout, le document comporte un trou en son centre, ce qui rappelle les pratiques de chancellerie et surtout de notaires, qui stockaient les actes rédigés et les matrices sur une pointe (le système des *filze*) (Gialdini et Silvestri, 2016).

Ce long accord a été conclu entre certains des acteurs les plus influents et installés de l'imprimerie vénitienne, pour cinq ans, et dans le but d'imprimer des ouvrages de droit. Lucantonio Giunta est le dirigeant d'une entreprise de commerce libraire de plus en plus internationalisée, avec des filiales dans toute l'Europe (Camerini, 1962). Amedeo Scotto est le représentant d'une autre dynastie du livre à Venise ; il a repris l'entreprise après la mort de son oncle, Ottaviano Scotto en 1498 et la dirige jusqu'à sa mort en 1535 (Volpati, 1932). Les frères Battista et Silvestro de'Torti sont actifs à Venise depuis les années 1480 ; Battista collabore notamment avec Francesco de'Madi en 1484[20]. Giorgio Arrivabene est également installé depuis les années 1480 à

18 Passage rajouté au verso.
19 Attention : la référence archivistique citée dans (Fulin, 1882) est incomplète.
20 N° ISTC ig00458000.

Venise et très implanté dans les réseaux professionnels et de sociabilité de la ville. Antonio Moreto, qui intègre l'association dans un second temps, est un éditeur influent, particulièrement bien introduit dans les milieux lettrés et patriciens de la ville (Monfasani, 1988).

Tous ces poids lourds vénitiens ont une politique éditoriale tournée vers le marché universitaire et international. Les titres mentionnés à la fin de ce contrat ne sont donc pas particulièrement surprenants. Les modalités pratiques précisées dans le contrat témoignent aussi d'une bonne connaissance et d'une habitude de ce type de collaboration. Les aléas du travail, la non-concurrence, le stockage sont précisément abordés, ainsi que l'évaluation financière des cahiers produits, sont une source précieuse et ont servi d'étalon pour estimer le coût de production d'une édition à la fin du XVe et au début du XVIe siècle (Bonifati, 2008). Il existe cependant une incertitude due aux termes techniques utilisés, dont le sens exact n'est pas nécessairement évident de l'extérieur. L'explicitation de certains procédés techniques, notamment l'impression en rouge et noir, habituelle depuis les années 1480, témoigne aussi d'une attention au travail qui sera effectué dans l'atelier et à leur différent coût.

+ Jésus Marie. 1507 le 25 juin à Venise +

Au nom de Dieu et de la glorieuse Vierge Marie, nous Battista et Silvestro frères de'Torti ensemble, *ser* Lucantonio Giunta, *ser* Amedeo Scotto et *ser* Giorgio Arrivabene, dit Parente, avons contracté une compagnie (*compagnia*) pour imprimer ensemble sur du papier royal ou impérial (*in charta real over imperial*) toutes les œuvres ci-dessous, lesquelles sont notées au verso de cet écrit ; et en plus de celles qui sont notées, d'autres œuvres encore, comme il paraîtra bon au jour le jour pour notre compagnie.

Pour toutes ces œuvres, *ser* Lucantonio y entre pour un quart, *ser* Amadeo Scotto pour un autre quart, et nous Battista, Silvestro et *ser* Giorgio Arrivabene pour un autre quart ; c'est-à-dire la moitié de ce quart pour nous Battista et Silvesto, et l'autre moitié pour *ser* Giorgio Arrivabene. Et parce qu'il reste un autre quart à qui voudra rejoindre la compagnie, pour cela nous déclarons que nous serions satisfaits d'accueillir un ou deux autres compagnons, pour participer à ce quart. Les compagnons seront choisis et élus à la majorité de la compagnie. Et s'il s'agit de personnes qui ne plaisent pas aux compagnons, alors ils ne seront accueillis d'aucune manière.

Nous voulons que cette compagnie dure pour cinq ans, et que le travail se fasse continûment (*lavorar de continuo*) avec quatre presses au compte de cette compagnie. Chaque compagnon aura à subvenir au jour le jour selon la part qui lui revient et selon laquelle il est entré dans cette compagnie, que ce soit un quart ou la moitié d'un quart.

L'entreprise de faire imprimer (*l'imprexa di far stampar*) par cette compagnie sera, selon notre présent accord, du ressort de Battista et Silvestre frères et de Giorgio Arrivabene déjà mentionnés ; c'est-à-dire les Torti avec deux presses et *ser* Giorgio avec deux autres presses. Et s'il arrive que cette compagnie veuille travailler avec plus de presses, nous sommes satisfaits, nous les Torti et *ser* Giorgio Arrivabene, ayant ce qu'il est nécessaire, de travailler selon leur bon plaisir, contribuant chacun en proportion, comme il a été dit, en nous donnant cependant le temps nécessaire pour les mettre en ordre pour travailler.

Et une fois les œuvres notées imprimées, ou même avant leur impression, nous voulons qu'aucun compagnon mentionné n'ait la liberté de les imprimer en format royal comme impérial, ni de participer à leur impression avec quelqu'un d'autre qui les imprimerait ou les ferait vendre, jusqu'à la fin des cinq années de notre accord, et plus encore, jusqu'à ce que la vente des œuvres de la compagnie soit achevée, sous peine de payer en argent comptant toutes les œuvres de la compagnie qui restent à vendre, dont le prix sera fixé par les compagnons, et pour lequel elles ont été vendues jusqu'à ce jour.

Déclarant encore, que chacun des compagnons ne peut vendre, ni céder la part qu'il a dans cette compagnie, ni être remplacé par quelqu'un d'autre sans le consentement de la majeure partie des compagnons.

De même, nous voulons que le prix de vente de ces œuvres, réalisées (*lavorate*) seulement en noir, soit de trente ou trente-cinq cahiers (*quinterni*) par ducat, et plus encore de le maintenir au meilleur prix possible, pour notre plus grande utilité et la réputation de notre métier. Mais s'il est fait concurrence à l'une de nos œuvres citées après son impression, le prix pourra être changé selon ce qui semblera bon à la majeure partie de la compagnie, ou elles seront retirées. La majeure partie s'entend selon ceux qui auront participé à l'ouvrage.

Déclarant encore que lesdites œuvres doivent vendues en gros (*per monte*) et être mises dans un entrepôt loué au nom de tous les compagnons, dont chacun le souhaitant aura sa propre clef, différentes les unes des autres, et paie le loyer selon sa part. Et ainsi pendant l'impression des cahiers, qu'ils soient portés dans cet entrepôt. En ce qui concerne la vente de ces livres, chaque compagnon aura cinq pourcents de tous ceux qui seront vendus.

De même, tous les frais pour acheter les exemplaires, les corriger, faire les tables et tous les autres frais de la compagnie, doivent être distribués à chacun selon sa part.

De même, la charge d'acheter le papier est donnée par cette compagnie à nous, Battista et Silvestro, et *ser* Giorgio déjà mentionnés. Et cela s'entend, que les compagnons donnent continûment l'argent, chacun selon sa part, et donnent en outre toujours l'argent un mois à l'avance sur le papier, pour que nous puissions plus commodément assurer notre travail. Le papier qu'il s'agira de rassembler est celui de San Martino dans le Véronais, et coûte jusqu'à vingt *lire de pizoli* la balle, de cinq rames chacune. Et il s'ils ne sont pas en mesure de s'approvisionner et s'ils vont en un autre lieu, dépensant jusqu'à vingt lire, comme dit ci-dessus, cela est possible du moment qu'ils ont du papier équivalent en qualité au papier véronais. Et de même que ce soit pour les impressions en noir uniquement et en travaillant 800 feuilles. Pour l'impression de 600 feuilles, nous, compagnons, sommes d'accord pour qu'il en soit donné 7 ducats par balle, comptant le papier et le travail (*manifatura*), à charge pour nous, les frères Battista et Silvestro, et *ser* Giorgio Arrivabene, de faire changer les feuilles de papier gâchées ou ratées par les papetiers (*chartari*).

Déclarant que la majorité des associés doit décider s'il faut imprimer plus ou moins de livres par rapport au nombre noté ci-dessus, tout en respectant toujours la proportionnalité des frais, de sorte qu'il n'y ait pas de dommage fait aux associés à qui revient le travail d'impression (*l'imprexa de stampar*). Et la dite majeure partie des associés a décidé des œuvres à imprimer, qui sont notées au verso de cette feuille.

De même concernant les œuvres qui sont travaillées en rouge et noir, nous sommes d'accord nous de'Torti et *ser* Giorgio, qu'il en soit donné dix ducats la balle, comptant le papier et le travail dans ces dix ducats. Et cela concerne le travail en rouge et noir fait sur du papier impérial (*charta imperial*), sur lequel nous de'Torti avions imprimé les textes de droit canon, c'est-à-dire sur du papier fait à San Martino dans le Véronais, les mois passés. Et travaillant en rouge et noir sur le papier royal commun (*charta real comuna*), nous sommes d'accord que cela ne coûte que neuf ducats et quatre *grossi* par balle, comptant le papier et le travail.

De même, outre le papier qui sera utilisé pour imprimer les œuvres de cette compagnie, les associés décident que nous[21] mettions au compte de la compagnie quatre pour cent de plus, mais toutes les œuvres qui seront achevées seront réglées en proportion, comme les autres du stock. Et les feuilles qui seront gâchées doivent être mises dans l'entrepôt ; et ainsi ces feuilles gâchées sont communes à toute la compagnie.

De même par accord exprès, nous Battiste et Silvestro susdits voulons que pour toutes les œuvres qui seront imprimées par notre compagnie, il ne se puisse pas mettre une autre marque (*marcha*) ou un autre nom d'imprimeur que « *per Baptistam de'Torti* » avec notre marque, comme nous avons l'habitude de le mettre sur les livres que nous imprimons *jusqu'à maintenant* (*usque nunc*). Et cela s'entend aussi pour les œuvres imprimées par ledit *ser* Giorgio Arrivabene, comme pour celles que nous imprimerons nous, Battista et Silvestro, pour notre dite compagnie.

Nous déclarons encore que chacun des associés aura, s'il lui plait, une copie de cet écrit, fait de ma main, moi Silvestro de'Torti, soussigné de la main de tous les associés. Et par clarté, moi, Silvesto susdit, j'ai écrit la présente de ma propre main.

Les œuvres ci-dessous sont celles que par notre accord, nous nous sommes accordés à travailler par notre dite compagnie :

Textes de droit civil
Textes de droit canon
Abbati
Toutes les œuvres d'Alexandre
Le *speculum juris* avec répertoire
Toutes les œuvres de l'Arétin
Toutes les œuvres d'Angelo
Toutes les œuvres de Bartole
Toutes les œuvres de Balde
Toutes les œuvres de Socino
Berthacini
Toutes les œuvres de Felini
Toutes les œuvres de Jason
Toutes les œuvres de Polo de Castro
Toutes les œuvres de Saliceto

21 Sous-entendu : Torti et Arrivabene.

Et moi Lucantonio Giunta suis satisfait, et m'oblige à respecter cet écrit[22].

Et moi Giorgio Arrivabene suis satisfait, et m'oblige à respecter cet écrit[23].

Et moi Amadeo Scotto suis satisfait, et m'oblige à respecter cet écrit[24].

Dans le présent écrit de notre compagnie, il manque un quatrième associé. De l'accord de nous tous associés susdits, nous avons élu comme quatrième compagnon *messer* Antonio Moreto. Celui-ci, en compagnie des autres, souscrit tous les écrits que nous avons comme compagnons et s'oblige à respecter ce qui est contenu dans ces écrits et accord de notre compagnie. Et de la volonté de tous les compagnons, moi Silvestro ait fait cet écrit et m'oblige à le respecter[25].

Et moi Lucantonio Giunta suis satisfait, et m'oblige à respecter cet écrit[26].

Et moi Antonio Moreto suis satisfait, et m'oblige à respecter cet écrit[27].

VENISE, 1er DÉCEMBRE 1527

Source : Archivio di Stato di Venezia, Santa Maria dei Frari, b. 106, fasc. xxxvii.

Édition : ce document n'a pas d'édition connue et a été trouvé via la *busta del Duca di Rivoli* c'est-à-dire le recensement des documents mentionnant des imprimeurs, libraires ou graveurs entre la fin du XVe siècle et le début du XVIe siècle dans les archives vénitiennes que le duc de Rivoli a fait réaliser – microfilmée et consultable aux archives[28].

Ce document en langue vernaculaire témoigne d'un accord non notarié passé entre un imprimeur et un frère du couvent des Frari à Venise. D'un point de vue chronologique, il sort du cœur de notre corpus. Cependant, nous avons choisi de

22 Changement de main.

23 Changement de main.

24 Changement de main.

25 Retour à la main du début du document.

26 Changement de main.

27 Changement de main.

28 Je remercie Anna Gialdini qui en a réalisé une reproduction numérique qu'elle m'a transmise, ce qui a grandement facilité mes recherches.

l'intégrer, car il est l'un des rares accords de ce type conservés : étant conclus sans validation notariée, même *a posteriori*, ils n'ont pas bénéficié de la conservation des archives notariales et ont souvent été perdus, même si l'on peut penser qu'ils étaient courants dès les premières décennies de l'imprimerie italienne.

Il est cependant probable que ce document soit une copie de l'original, dans la mesure où les souscriptions sont toutes écrites de la même main, de même que les notes de comptes écrites à la suite du texte de l'accord, qui semblent avoir toutes été recopiées en une seule fois.

Bartolomeo Zannetti commence sa carrière en 1514-1516 à Florence, auprès de Filippo Giunti, avant peut-être de se rendre à Rome puis de retourner à Florence en 1522-1524[29]. On lui connait des éditions à Venise entre 1535 et 1545. Ce contrat atteste de son activité dès 1527-1528 (Saverio Franchi, 2020). Il a notamment été associé à Marchio Sessa en 1538 (Ascarelli et Menato, 1989, n° 401). Avant son installation à Venise, il avait déjà travaillé en 1520 pour une institution religieuse, en l'occurrence le monastère bénédictin de Fontebuona sur le mont Camaldoli[30]. Ses fils Camillo et Cristoforo sont connus, mais on trouve également une attestation en 1548 d'un « *Zaneto di Zaneti quondam Bertolamio stampador* », témoin dans un testament de 1548, date à laquelle Bartolomeo Zannetti est donc probablement décédé[31].

La commande des institutions religieuses aux imprimeurs pour des ouvrages d'assez grande consommation, comme ici les missels, a sans doute été une source importante de travail pour les imprimeurs dans les premières décennies de l'imprimerie (Dondi, 2004). On peut d'ailleurs noter que les livres doivent être remis prêts à être utilisés, c'est-à-dire déjà reliés et décorés. On peut cependant supposer que ces missels sont ensuite destinés à être revendus par le frère Bernardo de Raguse.

Les notes qui suivent l'accord proprement dit témoignent de l'avancée progressive du travail et de la nécessité, pour l'imprimeur, d'avoir un apport relativement continu d'argent pour les dépenses courantes et la fourniture de matières premières.

1527, premier jour de décembre, à Venise

Qu'il soit connu que moi Bartolomeo Zannetti de Brescia, comme il est écrit ci-dessous, ai fait un accord aujourd'hui avec le révérend frère

29 Notice catalogue BNF : https://catalogue.bnf.fr/ark:/12148/cb12239514n : l'occurrence de Rome en 1516 serait erronée.

30 N° USTC 818006 et 847954. Il s'agit de relativement petits in-quarto.

31 Contrairement à la notice BNF qui indique une date de décès probable à Rome en 1550. ASVe, Notarile, Testamenti, b. 930, n° 296.

Bernardo de Raguse et *miser* Giovanni de Bochina da Cherso. Moi, Bartolomeo, leur promets de leur donner des missels in-4°, au nombre de 500, à raison de cinquante sous chacun. En retour, Bartolomeo souhaite en imprimer cinq cents autres et promet de ne les vendre à personne avant un an et deux mois après qu'ils aient été imprimés. Et je promets de leur donner cinq cents exemplaires reliés et dorés (*ligadi indoradi*), qu'ils seront bien reliés et réglés (*religadi reguladi*). Et de bonne foi, moi Bartolomeo ai écrit cela de ma main propre et ils souscrivent et promettent de me donner mon argent de mois en mois, selon les dépenses qui seront faites et de bonne foi ; ils le souscrivent de leur main propre.

De même, j'ai reçu, moi Bartolomeo, au nom de l'accord susdit, à bon compte, cent cinquante lires et huit couronnes à raison de six lires et quatorze sous chacune, de *miser* Giovanni.

De même, j'ai reçu de *miser* frère Bernardo trente ducats à bon compte.

Moi frère Bernardo de Raguse suis satisfait de ce qui est contenu ci-dessus.

Et moi Giovanni de Bochina suis satisfait de ce qui est écrit ci-dessus.

Et moi frère Pretio Gemile d'Assise fut présent et souscrit.

Moi Andrea de Parme fut présent à cela et souscrit.

Le 14 décembre, je reçois moi Bartolomeo de *miser* Giovanni à bon compte cinq couronnes de 16 lires et 14 sous chacune.

Le 24, j'ai reçu de miser Giovanni 27 lire 8 sous à bon compte.

Le 16 janvier 1527, j'ai reçu du dit *miser* Giovanni 28 lires à bon compte.

Le 7 février, j'ai reçu de *miser* Giovanni 14 lires à bon compte, valant 14 lires.

Le premier mars, j'ai reçu du frère Bernardo à bon compte 67 lires et dix sous.

Le 8, j'ai reçu du frère Bernardo à bon compte 5 ducats hongrois.

Le 26 avril, j'ai reçu du frère Bernardo 10 ducats courants à bon compte et une lire.

Le 29 avril, j'ai reçu de frère Bernardo six lires, c'est à dire 6 lires, données à Maffio.

Et puis j'ai reçu de *miser* Giovanni en plusieurs fois 49 lires données à Maffio.

Le 26 juin, 10 ducats – dix –, comptés par *miser* frère Bernardo comme avance à maître Maffio et au prêtre *miser* frère Pollo.

Miser Giovanni doit avoir 6 lires données par moi comme avance.

De même, le premier août 1528, j'ai reçu de *miser* frère Bernardo 6 ducats pour les missels qui lui ont été donnés, comme il apparaît dans un écrit de ma main conservé par les frères[32].

[Écrit de frère Bernardo de Raguse et Bon... de Laza[33]..., au premier décembre 1527.[34]]

VENISE, 9 AOÛT 1528

Source : Archivio di Stato di Venezia, Santa Maria dei Frari, b. 106, fasc. xxxvii.
Édition : comme le précédent, ce document n'a pas d'édition connue et a été trouvé par la consultation de la *busta del Duca di Rivoli*.

Le contexte de ce document écrit en langue vernaculaire est le même que le précédent, à ceci près qu'il s'agit ici probablement de l'original, dans la mesure où la souscription du frère Bernardo est bien écrite de sa main. La commande pose question : ce millier d'« offices esclavons » est peut-être destiné à la communauté dalmate à Venise, mais peut-être aussi à l'exportation vers la Dalmatie. Le frère qui les commande, Bernardo de Raguse, a sans doute des liens avec la Dalmatie, qui lui permettraient de distribuer voire de revendre ces missels. On peut également se demander ce que recouvre exactement la dénomination d'« esclavon ». S'il s'agit d'un office dalmate, l'alphabet utilisé est sans doute le glagolitique, qui a déjà été utilisé les années passées à Venise pour imprimer des bréviaires à destination de la Dalmatie ; mais il s'agit plus probablement d'un office en cyrillique, dont l'impression se développe à Venise à partir de 1512 (Fattori, 2002 ; Pelusi, 1989). Bartolomeo Zannetti imprime dans les années 1530 plusieurs éditions en caractères grecs, notamment un livre d'heures de rite byzantin (*Horologion*) en 1535[35].

---

32 Tout ce document semble écrit d'une traite et de la même main.

33 Passage illisible.

34 Mention inscrite au verso.

35 N° USTC 833016.

Le 9 août 1528 + à Venise

Qu'il soit noté que moi, Bartolomeo Zannetti de Brescia imprimeur, comme il est dit ci-dessous, je me suis mis d'accord avec le frère Bernardo de Raguse pour imprimer pour lui mille petits offices esclavons (*officietti schiavoni*) et de les lui donner reliés et dorés (*legati et indoradi*), à dix sous chacun. Et de bonne foi, moi Bartolomeo ai écrit de ma main propre et ledit père frère Bernardo y souscrit.

Et moi frère Bernardo suis satisfait avec tout ce qui est contenu dans cet écrit[36].

[Écrit de Bartolomeo Zannetti de Brescia avec frère Bernardo.[37]]

36 Changement de main pour cette souscription.

37 Mention inscrite au verso.

TRÉVISE

Trévise est un centre typographique de faible envergure : les presses de la ville produisent 113 éditions entre 1471, date du premier livre imprimé, et 1500. Cette ville est cependant un centre important de production de papier depuis le XIVe siècle et bénéficie notamment de son intégration précoce dans le Domaine vénitien, qui stimule la demande et protège l'approvisionnement de l'industrie en plein essor (Mattozzi, 2001). Malgré cette forte implantation de la papeterie, l'imprimerie disparait de la ville à la fin du XVe siècle, sans doute en raison de la trop forte proximité de Venise.

Les sources trévisanes de la fin du Moyen Âge sont particulièrement riches. Les *Estimi* en particulier ont pu donner lieu à un examen extrêmement éclairant de l'organisation sociale, familiale et laborieuse dans la ville. Mathieu Scherman, en particulier, a utilisé ces déclarations fiscales comme sources principales, notamment en les croisant avec les sources institutionnelles, les comptes d'institutions charitables, les registres de baptêmes, et bien sûr, les contrats (Scherman, 2013, p. 15-16). Ce que les contrats liés à l'imprimerie dévoilent ici s'inscrit donc dans le contexte plus général, que ces études récentes ont pu restituer.

TRÉVISE, 23 FÉVRIER 1482

Source : Archivio di Stato di Treviso, Notarile, I, b. 269, n° 682.
Édition : Contò, 2003, p. 118-120.

Ce contrat a été rédigé en langue vernaculaire, à l'exception de quelques termes latins spécifiques (*ut supra*, *videlicet*), de la main de l'un des associés, Bartolomeo de'Confalonieri. Le document a ensuite été authentifié devant le notaire, qui appose, de sa main et en latin, la date, le lieu et le nom des témoins.

Ce contrat fait intervenir des acteurs impliqués dans l'imprimerie depuis plusieurs années, d'autres beaucoup moins. Lodovico de Parme est un papetier installé dans la ville également depuis plusieurs années et exploite un moulin à papier situé à San Bugola et détenu par Francesco Rolandello et sa sœur. Il est mentionné dans la déclaration d'estime de Rolandello en 1477 : il semble avoir pris en charge une partie des frais de réparation du moulin afin de s'installer dans le Trévisan[1]. Cette installation semble déjà dater de quelques années, puisqu'il est mentionné en 1474 comme créditeur d'un papetier à la retraite, Lunardo de Milan, *cartoler* ; dans ce document, il est déjà nommé comme *Lodovico cartaro de San Bugola*, ce qui signifie qu'il exploite déjà le moulin de Rolandello[2]. Il s'agit sans doute de la première implication typographique de Pellegrino de'Pasquali, même si celui-ci poursuit ensuite son activité à Venise dès 1484 et compte une quarantaine d'éditions à son actif. Bartolomeo de'Confalonieri, de son côté, imprime dans la ville au moins depuis 1478. Il est ensuite impliqué dans une association vénitienne avec Marino Saraceno et Annibale Fosio, avec qui il travaille déjà ici. Annibale Fosio a été apprenti de l'imprimeur Christopher Valdarfer à Milan en 1478 (Rogledi Manni, 1980, p. 37), un imprimeur actif à Venise les années précédentes. Le nom de Fosio n'apparait pas au colophon avant une édition vénitienne en 1485[3], où il reste actif comme imprimeur ou comme libraire. En 1486, il conclut un contrat avec Marino Saraceno et Francesco de'Madi (*Cf.* Venise, 2 juillet 1486), et semble avoir acquis une position importante dans le milieu du livre, même s'il ne signe plus d'édition à partir de 1488 : en 1529 puis 1532, il est appelé comme expert pour estimer des stocks de livres dans le cadre de procédures judiciaires[4]. Ce contrat s'imbrique dans l'association préexistante de Bartolomeo de'Confalonieri et Pierre Maufer, imprimeur français, qui circule beaucoup dans la région à cette époque : il y est seulement brièvement fait référence ici, dans la mesure où le matériel typographique est dit avoir été acheté à Pierre Maufer par Bartolomeo de'Confalonieri.

À la date du contrat, certains partenaires, comme Lodovico de Parme et Bartolomeo de'Confalonieri, sont bien installés, d'autres, comme Annibale Fosio et Pellegrino de'Pasquali, sont au tout début de leur carrière. Ce contrat témoigne également de la prise en compte de la totalité de la chaîne de

1 « *Sapiando chel soler del dito edificio se lasse dal muro che la caseta e mal in ordine e simelmente canali et pile, et el dito Lodovigo ha mente de stabele in Trivisana, ne repara el dito edificio como la bisogno* » : Archivio di Stato di Treviso (ASTr), Estimi, b. 78, fasc. 1, Francesco de Rolandello, 1477.

2 ASTr, Estimi, b. 78, fasc. 1, Lunardo da Milan, 1474.

3 ASTr, Notarile, I, b. 269, Antonio Orsenigo, 23 février 1482.

4 ASVe, Giudici del Proprio, Testimoni, b. 5, f° 55, 21 juin 1532 ; Giudici del Proprio, Mobili, b. 2, f° 75 et suivantes, 30 juillet 1529.

production, du papier à l'impression, et fait peut-être référence au travail de commercialisation à travers la compensation des déplacements de Bartolomeo de'Confalonieri. La compagnie est conclue sans doute pour plusieurs éditions, mais seule l'une d'elle est citée : les œuvres complètes de Virgile avec le commentaire de Servius, qui a été identifiée à l'édition issue le 13 novembre 1482[5] (Contò, 1990).

YHS

† Au nom du Christ et de la glorieuse Vierge Marie †

Qu'il soit connu et manifeste à toute personne qui lirait ce document que nous, Lodovico, fils du défunt *ser* Michele de Parme, papetier (*cartaro*) à San Bugola de Trévise, Annibale fils de *ser* Filippo Fosio, également de Parme, présentement imprimeur (*stampador*) à Trévise, Pellegrino fils de *ser* Battista de'Pasquali de Bologne et imprimeur [à Trévise], et maître Bartolomeo fils du défunt *ser* Giovanni de'Confalonieri de Salo imprimeur [à Trévise] ; tous les quatre en ce jour du 23 février 1482 ont fait tous ensemble une compagnie pour imprimer des livres (*compagnia a stampar libri*), avec chacun prenant sa part aux dépenses, et ainsi prenant sa part des gains futurs.

Nous voulons que cette compagnie dure au moins deux ans continus, et pour plus de clarté, moi, Bartolomeo, je noterai tout ce qui est nécessaire pour la déclaration de cette compagnie, étant entendu que nous, de par notre volonté, avons élu 4 (*sic*) nobles hommes : *miser* Matteo de'Bicignoli et *ser* Giacomo de Camporacoler, lesquels nous voulons que si, que Dieu préserve, il survenait un conflit entre nous, eux deux aient à rétablir la paix et la concorde entre nous. Et nous avons fait cela pour éviter les frais du palais.

Notre accord prend cette forme, à savoir :

[Premièrement, il est entendu que Annibale et Pellegrino soient tous deux pour un tiers de la compagnie[6].]

Premièrement (*sic*), maître Lodovico doit fournir du papier de bonne qualité et en quantité suffisante pour imprimer avec une ou deux presses si besoin, à cinq – 5 – ducats la balle de papier *pizzola* et la balle de papier *mezzana*[7] à huit – 8 – ducats, à dix – 10 – rames la balle.

5 N° ISTC iv00181000.

6 Cette phrase a sans doute été rajoutée après la rédaction de tout le document.

7 Il s'agit de formats moyens et petits (Bellingradt, 2021).

2° nous, Annibale, Pellegrino et Bartolomeo, devons avoir pour notre salaire (*salario*) 40 – quarante – ducats par an pour chacun de nous. Et ce salaire est à mettre au compte de la compagnie.

3° les instruments que moi, Bartolomeo, j'ai acheté à Pierre Français[8], appartiennent à la compagnie qui doit les payer en commun, comme je me suis engagé à le faire par contrat.

4° toutes les autres dépenses, comme celles des ouvriers (*lavoranti*), le loyer de la maison, la location de lits et les autres dépenses nécessaires pour imprimer, reviennent à la compagnie et chacun doit les payer selon sa part.

5° nous, Annibale, Pellegrino et Bartolomeo, devons donner à la compagnie pour tout le mois de mars, ~~14 – quatorze~~ 25 – vingt-cinq – ducats pour chaque part, [c'est-à-dire pour Annibale et Pellegrino 25 ducats, et pour moi Bartolomeo 25 ducats]. Cette somme doit être dépensée pour les choses nécessaires et de sorte que chacun paie selon la somme qu'il a versée.

~~6o moi, Bartolomeo, je dois recevoir de la part de maître Lodovico, Annibale et Pellegrino cinquante – cinquante – Virgile avec Servius. Ils me les donnent sans aucun frais, par bonté et étant entendu que je dois avoir des livres achevés.~~

~~7o~~ 6° moi, Bartolomeo, je dois pourvoir aux frais de bouche de tous les ouvriers qui travaillent pour cette compagnie, à hauteur de un ducat 6 livres et 10 sous par mois pour chaque bouche ; il est entendu que moi, Bartolomeo, je dois assurer ces frais de bouche de façon bonne et suffisante.

7° moi, Bartolomeo, je dois avoir de la compagnie 50 – cinquante – Virgile avec Servius, pour avoir été à Padoue et en d'autres lieux jusqu'à ce jour.

1482 15e indiction, lundi 25 du mois de février, à Trévise, sous les voûtes du palais communal, près du bureau de ser *Marco de'Azali citoyen de Trévise, à l'étude de moi, notaire susdit. Présents* ser *Alovisio de Novello, fils du défunt* ser *Baldassarre, et* ser *Johann Allemand habitant avec* ser *Giovanni Pase, citoyens et habitants de Trévise, témoins ; les parties susdites s'accordent et réalisent une convention de concert et en bonne intelligence etc.*[9]

L'accord est réalisé comme indiqué ci-dessus.

Moi Antonio de Ursinico notaire trévisan, j'ai ratifié cet acte etc.

---

8 Il s'agit de Pierre Maufer (*Cf.* Padoue 1er octobre 1476).

9 Ce paragraphe et les suivants jusqu'à la fin du document est rédigé d'une autre main et en latin.

TRÉVISE, 29 JANVIER 1482

Source : Archivio di Stato di Treviso, Notarile, I, b. 412, f° 61-62.
Édition : Contò, 2003, p. 120-122.

Ce contrat semble être l'un des rares contrats d'apprentissage qui existent pour les débuts de l'imprimerie avec celui d'Annibale Fosio à Milan (Rogledi Manni, p. 37). Il ressemble cependant beaucoup à un contrat d'embauche, la frontière entre les deux types de contrat étant par ailleurs très poreuse à cette époque (Bernardi, 2009)[10]. Le papetier et imprimeur qui prend Jacobo en apprentissage est Michele Manzolo, originaire de Parme. Il est propriétaire d'une papeterie à Cella, dans les environs de Trévise ; il dirige également une papeterie à Vincence depuis 1459, reprise ensuite par son fils, Giuliano (Simeone, 2001, p. 8). Michele Manzolo se lance dans la typographie à partir de 1475 jusqu'en 1482 (Veneziani, 2007). Il est en tout cas un représentant des papetiers qui prennent rapidement le tournant de l'imprimerie, à la fois sans doute en réorientant leur production vers du papier destiné aux presses, et en s'impliquant dans la production des livres eux-mêmes, en maintenant une double activité.

[Jacobo de Postoima]

1482, indiction 15, le mardi 29 du mois de janvier, à Trévise, sur la place Carubio, à l'étude de moi notaire. Présents *ser* Lodovico de Lanto notaire et *ser* Jacobo de Quadrio fils de *ser* Zanantonio, témoins et autres.

Ici, Jacobo fils de Pietro de Postoima habitant au Burgo San Tomà, ~~en son nom~~ de la volonté et du consentement de son père, comme il l'a affirmé, dont il a eu la permission etc. est convenu de se tenir et d'habiter avec maître Michele, papetier *ad Cellam*, fils de *ser* Taddeo de Parme, pour les deux prochaines années, en commençant au premier février prochain.

Jacobo a promis de se consacrer bien et diligemment à l'impression des livres, à la fabrication du papier (*stampando libris, faciendo papirum sive cartas*), et à toute autre chose licite et honnête que le maître Michele lui demandera de faire pour lui ou pour d'autres en son nom.

10 Sur l'Italie, voir (Scherman 2013) et (Franceschi, 1996).

Et au cas où ledit maître Michele irait à Venise pour travailler, ledit Jacobo est tenu d'y aller avec lui et s'y oblige.

Maître Michele a promis de donner et payer pour son salaire (*pro mercede et salario*) à Jacobo – celui-ci renonçant etc., et pour les dépenses et l'obligation etc. pour lui et ses héritiers – douze ducats d'or ainsi que seulement la nourriture, et se constituant débiteur en cela etc.

Jacobo a promis de persévérer et de rester tout le temps prévu avec maître Michele et de faire toutes les choses qui lui seront demandées, comme dit ci-dessus.

Et au cas où Jacobo ne resterait pas et n'habiterait pas jusqu'à la fin de la période prévue avec maître Michele, celui-ci peut poursuivre pour dommages et intérêts réels et personnels (*realia et personalia*) ledit Jacobo, l'arrêter et le faire venir à Trévise, Venise, Padoue, Vicence, Vérone etc. et partout où il se trouverait. Et toutes les parties s'accordent etc.

Le samedi 16 mai, à l'étude de moi, notaire, en présence de Girolamo de'Bechadeli et *ser* Giandonato de Cesara, témoins et autres, *ser* Pietro susdit a approuvé cela en tout point après la lecture de l'instrument ci-dessus[11].

11 Ce paragraphe a visiblement été rajouté après la rédaction intégrale du reste du document.

PADOUE

Le développement des presses padouanes s'opère d'une façon assez proche de celle de Bologne, en lien avec le *Studium* de la ville. La typographie est introduite en 1471, mais la proximité avec Venise la rend cependant plus étroitement liée aux presses de la lagune, avec en particulier la présence importante de relais des grandes compagnies typographiques vénitiennes dès les années 1470. Marco Menato et Lorenzo Carpanè relèvent un phénomène de double boutique entre Venise et les villes d'Italie du Nord, particulièrement Padoue (Menato et Carpanè, 1992, p. 256) : des succursales et des collaborations étroites avec les maîtres imprimeurs locaux. Malgré son université et ses 800 étudiants, la production padouane baisse de façon importante dès 1479 et on ne compte plus que trois éditions sans doute produites à Padoue entre 1500 et 1509.

Les archives notariées padouanes sont très bien conservées et le choix des documents présentés ici est en partie arbitraire : il a fallu faire des choix et trouver un juste milieu entre la volonté de suivre le devenir de certaines entreprises typographiques et la cohérence documentaire des contrats d'association.

PADOUE, 28 SEPTEMBRE 1474

Source : Archivio di Stato di Padova, Notarile, b. 3387, f° 428r.
Édition : Sartori, 1960, doc. VI.

Ce très court contrat est conclu entre Nicoletto Vernia, universitaire, et Jean Le Bon, imprimeur français. Nicoletto Vernia est enseignant dans le *Studium* de Padoue (Branca, 1973, p. 218 ; Sambin, 1952, p. 261-268) et agit à plusieurs reprises comme correcteur d'éditions imprimées. Il s'engage ici à corriger le *De Cello* de Gaietani, et l'édition comportera également un texte dont il est l'auteur : *Quaestio de gravibus et levibus*[1]. Jean Le Bon, aussi connu sous le nom de Bonus Gallus, est un imprimeur français actif à Padoue jusqu'en 1476, avant d'imprimer quelques éditions à Colla Valdelsa, près de Sienne.

Le contrat présente la particularité de lier la question du travail de correction à la question de la diffusion des livres auprès des universitaires. Nicoletto est en effet payé en recevant lui-même des livres, ainsi qu'une somme d'argent sur laquelle est prélevé le prix de dix livres qu'il choisit lui-même, donné à d'autres universitaires. Il s'agit pour Nicoletto d'entretenir son propre réseau, mais il peut également s'agir d'une bonne opportunité pour l'imprimeur de diffuser sa production auprès de personnes potentiellement prescriptrices des lectures de leurs étudiants dans le cadre des programmes de cours.

[Convention]

Le[2] … xxviii septembre

Le respectable docteur en arts et en médecine le seigneur et maître Nicoletto de la ville de Thetis a convenu avec le maître Bono Français imprimeur de la *contrata* de San Blasio de corriger le livre de maître Gaietani *De Cello*, que le maître Bono a l'intention d'imprimer.

En retour, maître Bono a promis de donner au maître Nicoletto dix ducats d'or, qui doivent être exigés de dix des étudiants inscrits et qui doivent acquérir lesdits livres, sur le prix des dix livres qui leur sont donnés par maître Bono lui-même. Ces livres, qu'il les choisisse à la suite, c'est-à-dire soit au début, au milieu ou à la fin, mais pas de façon éparpillée.

De même, il promet de donner douze des livres imprimés, que le maître Nicoletto ne pourra pas vendre à aucun de ces savants inscrits, mais il pourra le faire à d'autres non-inscrits.

Et tout cela etc. sous peine de X ducats pour chacun etc.

Témoins l'illustre et respectable docteur Giovanni Battista de Lege de la *contrata* San Blasio

Ser Antonio Gl…ia fils du défunt Bartolomeo de la *contrata* Fallaroti

Ser Antonio a Sole fils du défunt Giovanni Francesco de la *contrata* de San Blasio.

---

1 Gaietanus de Thienis, *Expositio in libros Aristotelis De coelo et mundo*, n° ISTCig00029500.

2 Passage illisible.

PADOUE, 2 FÉVRIER 1475

Source : Archivio di Stato di Padova, Notarile, b. 3387, f° 490 r et v.
Édition : Sartori, 1960, doc. VII.

Ce contrat de 1474 se rapproche d'un contrat d'embauche : Andrea de Ratisbonne est employé par l'imprimeur Jean Le Bon et s'engage à imprimer les *Quaestiones super libros De generatione et corruptione Aristotelis* de Marsile ab Inghen pour Jean Le Bon[3]. Celui-ci est connu dans la ville et en Italie et avait déjà réalisé un contrat, pour une publication du même type (*Cf.* Padoue, 28 septembre 1474). Andrea de Rastisbonne en revanche est peu connu.

Ce contrat a été écrit de la main de Nicoletto Vernia, qui a conclu un contrat pour la correction du *De Cello* de Giaetani avec Jean Le Bon, le 28 septembre 1474 (*Cf.* Padoue, 28 septembre 1474). Vernia est promoteur des études aristotéliciennes (Forlivesi, 2020) et n'est donc sans doute pas étranger au choix des deux textes mentionnés dans ce contrat et les précédents, qui sont tous deux des commentaires de traités d'Aristote. Le contrat est ensuite souscrit par les deux parties prenantes, avant d'être authentifié par le notaire Melchior Lovato le 11 février, et conservé dans ses registres.

1475, jour II IC XC VM février

Qu'il soit noté par tous ceux qui inspecteraient cet écrit de quelque manière que ce soit, que moi maître Andrea allemand de Ratisbonne, me tient obligé de rester avec l'imprimeur Bono et de composer en quatre colonnes, en grand format (*in forma reali*), [ou bien 8 en petit format], tous les jours qui ne soient pas fériés, jusqu'à l'achèvement de Marsile, *De generatione* et de Johannes Canonicus, *Super libris Phisicorum*, de sorte que je ne puisse pas m'écarter de ces travaux jusqu'à l'achèvement, et si je me retirais, je perdrais tout ce à quoi je travaillais.

Quant à Bono, il s'oblige à donner à Andrea tous les mois pour son travail (*pro laboribus suis*), le dernier jour du mois, trois ducats d'or et des livres pour un ducat, de sorte qu'il lui donne des livres imprimés à l'achèvement de ce travail. Bono promet de le garder jusqu'à l'achèvement

3 Marsilius ab Inghen, *Quaestiones super libros De generatione et corruptione Aristotelis*, Padoue, Jean Le Bon, n° ISTC im00282500.

de son travail et de le payer ainsi tous les mois. [Tous les deux] s'obligent à observer ce qui a été dit, sous peine de six ducats. Si maître Andrea se retirait, alors il serait tenu de payer en dommages et intérêts les frais que chacun a eu jusqu'à son départ etc. Et ceux-ci déclarant que le mois commence le dimanche 12 février de l'année dite.

Moi maître Nicoletto, de par la volonté des deux parties, j'ai écrit ce chirographe de ma propre main, présents maître Francesco de Lido et Francesco Cerdone.

Moi Andrea suis satisfait de tout ce qui a été écrit et jure sur les saintes Évangiles de Dieu d'observer et de ne pas contrevenir à ce qui a été écrit[4].

Moi Bono suis satisfait de ce qui a été écrit et jure sur les saintes Évangiles de l'observer et de ne pas y contrevenir[5].

MCCCCLXXV VIIIe indiction, samedi 11e jour du mois de février, dans le palais communal au banc de Vulpis, constitué devant témoins et moi notaire, les maîtres Andrea et Bono se sont accordés réciproquement sur tout ce qui a été écrit ci-dessus et ont juré corporellement de ne pas contrevenir etc. me demandant à moi notaire de réaliser un instrument public[6].

Témoins maître Nicoletto
maître Francesco Cerdo fils du défunt … de la *contrata*…
le seigneur Matteo Canciani, avocat
[Conventions entre maître Andrea et Bono.[7]]

PADOUE, 2 JANVIER 1476

Source : Archivio di Stato di Padova, Notarile, b. 1755, f° 157v.
Édition : Sartori, 1960, doc. XIV.

Ce contrat s'apparente à un contrat d'apprentissage, même s'il comporte également des éléments le rapprochant d'un contrat d'embauche plus classique.

4 Changement de main pour ce paragraphe.
5 Changement de main pour ce paragraphe.
6 Changement de main pour ce paragraphe jusqu'à la fin du document.
7 Passage rajouté au verso.

Il permet également d'observer l'imbrication des différents métiers du livre. Antonio de Bergame, probablement un jeune enlumineur, loue ses compétences en la matière au libraire Antoine d'Avignon ; il est entièrement à son service pour tout travail qui pourrait lui être attribué, en échange d'un faible salaire étalé sur trois ans, d'un logement et de son entretien, et surtout de l'apprentissage de la reliure des livres.

Sartori fait l'hypothèse que le jeune Antonio de Bergame est Antonio Zanchi de Bergame, imprimeur actif par la suite à Venise (Sartori, 1960, p. 136) et publie d'autres documents concernant Antoine d'Avignon, qui semble avoir un commerce de livre très actif de la région, en lien avec d'autres marchands de livres locaux et les grandes compagnies typographiques vénitiennes (*ibid.*, doc. XXVII, XXVI et XXXIX).

MCCCCLXXVI, neuvième indiction, mardi deux janvier, à Padoue dans le palais communal, en face du banc des Léopards.

Maître Antonio de Bergame enlumineur (*miniator*), fils de *ser* Gulielmo habitant [maintenant] séparément de son père à Padoue dans la *contrata* Santa Lucia s'est loué lui et son travail (*locavit se et operas suas*) pour les trois prochaines années à *ser* Antonio d'Avignon fils du défunt Giovanni marchand et vendeur de livres imprimés (*mercatori et venditori librorum ad stampam*), habitant Padoue dans la *contrata* de San Blasio, ici présent, et engagé (*conducenti*) à faire et à s'exercer comme promis ci-dessous à la demande du même *ser* Antonio présent, à demeurer et rester chez le même *ser* Antonio, dans sa maison d'habitation, tant à Padoue qu'ailleurs où *ser* Antonio déménagerait, et d'enluminer (*miniare*) des livres et de relier (*ligare*) les livres et d'écrire et de vendre (*scribere et vendere*) les livres pour *ser* Antonio, et d'aller même hors de Padoue et du territoire padouan pour vendre ces livres, dans la mesure où il le fera sur l'injonction et l'ordre de *ser* Antonio et pour l'utilité et le bénéfice de *ser* Antonio.

De même, il est engagé à faire la cuisine dans la maison du *ser* Antonio, [dans la mesure où *ser* Antonio l'ordonnera, et toutes les choses licites, honnêtes et possibles, que ser Antonio lui imposera et lui enjoindra de faire]. Et il s'exercera à tout cela bien, fidèlement et conformément aux lois, et de cette manière se tenant à l'écart du vol, de toute fraude et tromperie, de sorte qu'il sera considéré à juste titre comme digne de louange par Dieu et les hommes, et qu'il le sera. Il est engagé à veiller fidèlement sur les choses et les biens du *ser* Antonio, et de ne jamais laisser la possibilité qu'un vol puisse être commis et de s'opposer avec tous ses efforts et d'empêcher qu'un vol ou qu'un dommage survienne aux biens de *ser* Antonio.

Avant l'achèvement du terme suscité, il ne doit pas quitter le *ser* Antonio, si cela ne procède de la volonté, de l'autorisation et du bon plaisir du *ser* Antonio. Et si le maître Antonio enlumineur y contrevient, il est tenu et obligé au remboursement de *ser* Antonio de tous les dommages et intérêts qui en résulterait pour *ser* Antonio, et en plus de ce remboursement, à la peine dite ci-dessous.

Antonio enlumineur a fait ceci parce qu'en retour *ser* Antonio d'Avignon a promis au même maître Antonio présent, pour salaire, rémunération et satisfaction de ses travaux (*mercede, remoneratione satisfactione laborum suorum*) de le garder dans sa maison et de survenir à ses dépenses de nourriture pendant la durée des trois ans.

De même, il a promis de lui enseigner ou de lui faire enseigner l'exercice et le métier de relier les livres (*exercitium et magisterium ligandi libros*).

De même, il a promis de lui donner et payer douze ducats pendant les trois ans, c'est-à-dire trois ducats la première année, quatre ducats la deuxième année et cinq ducats la troisième année, en donnant cependant au maître Antonio cet argent chaque année non pas en une fois, mais de façon régulière, de sorte que maître Antonio ait l'argent nécessaire pour acheter les affaires convenables pour se vêtir et se chausser, ou toute autre chose nécessaire.

Et toutes ces choses ci-dessus etc. [à Padoue, Venise, Vicence, Bergame et dans tout lieu où l'une des parties mènera une procédure, sollicitera à ce sujet, et sans contrefaire ni contrevenir], sous peine de XXV livres etc.

De plus, à la demande du maître Antonio enlumineur, le seigneur Girolamo fils du maître Bartolomeo Uri professeur de grammaire de la *contrata* Domi se constitue garant pour le maître Antonio chez le *ser* Antonio ici présent pour toutes les choses concernant le maître Antonio comme prévu ci-dessus sous la peine prévue.

Témoins *ser* Daniel de'Muffati fils du défunt seigneur …, citoyen et habitant de Padoue dans la *contrata* Santa Caterina ; maître Alberto fils de *ser* Francesco de Vicence, étudiant en arts, habitant à Padoue dans la *contrata* Sant'Egidio, dans la maison de l'illustre chevalier le seigneur Antonio de'Docti.

PADOUE, 1er OCTOBRE 1476

Source : Archivio di Stato di Padova, Notarile, b. 1948, f° 159.
Édition : Sartori, 1960, doc. XVIII.

Le typographe français Pierre Maufer, originaire de Rouen, fait probablement son apprentissage en Allemagne avant de venir en Italie (Montecchi, 2013, p. 251-252), où il circule beaucoup dans les années 1470-1480. Il dispose de son propre matériel typographique, qu'il vend en partie à la société trévisane dont on traduit le contrat dans ce volume (*Cf.* Trévise, 23 février 1482).

Ce contrat présente la particularité de donner une charge de correcteur fixe à Giacomo Bordegazzi d'Orzinuovi, alors que beaucoup des contrats de ce type que nous connaissons pour Padoue ou Bologne concernent l'édition d'une œuvre donnée. Les conditions sont aussi relativement contraignantes pour l'imprimeur, Pierre Maufer, qui doit assurer un rythme de production avec un nombre de presses déterminé. Ce contrat, dans lequel Giacomo Bordegazzi semble partie intégrante de l'entreprise s'explique également par sa position d'investisseur, puisque le contrat prévoit un versement de 25 ducats par Giacomo[8]. Plus tard, Giacomo Bordegazzi sera aussi distributeur des volumes produits (*Cf.* Padoue, 13 janvier 1478). En dehors de ces quelques mentions, nous avons peu d'informations sur ce personnage.

Le document présent dans le registre notarié est très raturé, parfois difficilement lisible, à l'exception du premier paragraphe en vernaculaire, rédigé d'une écriture humanistique soignée, sans doute par l'un des deux associés.

Yhs

Qu'il soit connu et manifeste à qui verra cet écrit que le maître Giacomo de Bordegazzi d'Orzinuovi, de Brescia, s'est accordé avec maître Pierre Français imprimeur de livres à Padoue, de la contrata de San Blasio, selon les modalités et pactes ci-dessous, c'est à dire que ledit maître Pierre[9]*…*

1476, VIIIIe indiction, mardi premier octobre, dans l'épicerie de maître Geronimo de Cologne, à l'angle de l'auberge du bœuf de Padoue, présents etc.

---

8 Le reçu d'une partie de ce versement se trouve dans le registre de ce même notaire, le 3 janvier 1478 (Sartori, 1960, doc XXX)

9 Le texte en vernaculaire s'interrompt brutalement. Au paragraphe suivant, changement de main et passage au latin.

Ici le seigneur maître Giacomo Bordegazzi d'Orzinuovi de Brescia, docteur en art, volontairement et sans contrainte etc. est convenu et s'est accordé avec maître Pierre de Maufer de Normandie de France, imprimeur de livres à Padoue dans la *contrata* de San Blasio, présent etc. de corriger toute œuvre fabriquée et imprimée par ledit maître Pierre, par quatre ou cinq presses. [Et ainsi], au sujet de ces corrections, [il a promis et s'est obligé] de les réaliser fidèlement et se consacrant à ce travail (*prestando operam*) tous les jours où il lui sera possible de travailler.

Et le même maître Pierre en retour a promis de donner et payer audit maître Giacomo trente ducats dans l'année et à proportion de l'année, et de payer ces ducats à partir des livres imprimés de chacune des œuvres pour qu'il reçoive le paiement au fur et à mesure de sorte qu'une fois une œuvre achevée avant le mercredi suivant, Pierre doit lui donner autant d'œuvres imprimées que ces ducats peuvent en payer, au même prix (*pretio*) que Pierre vend les volumes de ces œuvres.

Les parties déclarant que pendant ce temps où [Pierre] travaillera avec les presses, soit une seule, soit plusieurs, il est tenu de donner ledit salaire de 30 ducats [ledit mercredi], et si le maître Pierre arrête [totalement] le travail, il ne doit rien donner au maître Giacomo pour le temps où il ne travaille pas, et celui-ci n'aura rien, excepté [s'il travaille six quatre ou six jours de suite][10], alors il doit donner et payer en proportion de ces six jours [sur les 30 ducats et pas autrement].

[Les parties] renonçant etc. 25 etc. pour chacun etc.

Ici le même maître Giacomo promet [volontairement] etc. au maître Pierre [présent et acceptant] de lui donner et débourser vingt-cinq ducats [d'or] en don gratuit. Maître Giacomo est tenu et doit donner [ces 25 ducats] sans exception jusqu'à la moitié du mois de novembre prochain, [et maître Pierre doit] donner et rendre [au maître Giacomo] ces 25 ducats à la fin de l'année à venir, [sans exception]. Et tout cela etc.[11]

10 Un passage biffé est illisible.

11 Suit la liste des trois témoins, très difficilement lisible.

PADOUE, 7 MAI 1477

Source : Archivio di Stato di Padova, Notarile, b. 2908, f° 152r.
Édition : Sartori, 1960, doc. XXIV.

Ce contrat de 1477 fait intervenir les principaux acteurs du développement de l'imprimerie dans la ville, chacun avec un rôle bien défini. En 1477, Pierre Maufer est bien établi dans la ville et est déjà en procès à Padoue avec d'anciens associés (Rigoni, 1933-1934). Bartolomeo Valdezoccho, quant à lui, a été l'un des premiers promoteurs de l'imprimerie à Padoue en 1472 avec son associé Martino de Septem Arboribus (*ibid.*, p. 277) ; très implanté dans la cité, il est docteur en droit et participe à plusieurs associations typographiques, dans lesquelles il joue le rôle d'éditeur. Enfin, Federico Corner ne fait pas exactement partie de cette association, mais semble fournir le papier et les exemplaires imprimés servent de garantie à son remboursement. La famille patricienne vénitienne des Corner bénéfice d'un monopole sur la production du papier dans le district de Padoue depuis sa conquête par Venise en 1402. Federico Corner possède en particulier la fabrique de la Battaglia, ce qui lui donne les moyens de mettre en situation de monopole sur le territoire de Padoue, réaffirmé en 1503 (Sartori, 1960, p. 131-134). L'affirmation de ce monopole traduit plutôt une fragilité de l'industrie padouane, car les papetiers de Brescia et du lac de Garde étaient plus compétitifs à la fin du XVe siècle (Ornato, Busonero, Federici, Munafo et Speranza Storace, 1999 ; Fontana et Sandal, 2001).

Ce contrat témoigne des questions les plus pressantes nécessitant un accord entre les partenaires : l'approvisionnement continu en papier, le stockage des exemplaires imprimés, la tenue de comptes pour vérifier la bonne foi de chacun et le remboursement des frais avancés. Pierre Maufer est en charge du travail et de la gestion de l'atelier. Celui-ci dispose déjà d'une bonne expérience en la matière, même si sa dernière association s'était soldée par le départ de quelques ouvriers, ce qui avait contraint Maufer à chercher d'autres compositeurs et imprimeurs dans la région, pour un salaire plus élevé (Rigoni, 1933-1934, p. 278-279). En tout état de cause et malgré ces péripéties, Pierre Maufer sait où trouver de la main-d'œuvre qualifiée et dispose de contacts importants à Padoue et dans la région (Contò, 1990, p. 23).

Le travail autour de cette édition du commentaire de Gentile da Foligno sur Avicenne dure deux ans et est documenté par de nombreux contrats et reconnaissances de dettes : Maufer semble avoir eu de grosses difficultés à rembourser ses financeurs, en particulier Valdezoccho, mais celui-ci ne semble pas lui en avoir tenu rigueur (Mardersteig, 1967)[12].

1477, X^e^ indiction, mercredi septième jour du mois de mai, à Padoue, dans le palais communal, dans l'étude et l'office de Pavoni.

Le respectable citoyen padouan Bartolomeo Valdezoccho, fils du défunt et honorable Alvisio de la *contrata* San Bartolomeo d'une part, et *ser* Pierre de France, fils de Thomas, imprimeur de livres (*stampator librorum*) de la *contrata* San Blasio d'autre part, en leur nom propre, pour eux-mêmes, volontairement etc. ont convenus et ont fixé ce qui suit, à savoir

D'abord, ledit seigneur Bartolomeo a promis audit maître Pierre présent de donner et de consigner effectivement le papier royal (*chartas reales in bombice*) en quantité suffisante pour les cinq cents volumes de Gentile sur le troisième livre d'Avicenne, de jour en jour, selon ce qui sera opportun, et le même maître Pierre a promis de s'obliger à imprimer (*stampare et imprimere*) lesdits cinq cents volumes de Gentile sur le troisième d'Avicenne sur ledit papier, de jour en jour, jusqu'à la fin et sans interruption. Et ces volumes qui seront imprimés doivent être apportés et déposés de jour en jour à la maison du seigneur Bartolomeo, sous sa garde, et celui-ci s'engage auprès du magnifique seigneur Federico Corner et d'autres pour ledit papier et l'argent donnés au maître Pierre pour l'impression de cette œuvre.

Une fois ces cinq cents exemplaires imprimés et finis à partir de ce papier, et après le paiement et la satisfaction (*solutum et satisfactum*) des ouvriers (*operariis*) qui ont œuvré (*se exercuerint*) à l'impression de cette œuvre, et de ceux qui ont dépensé l'argent nécessaire à l'impression de cette œuvre, alors ledit seigneur Bartolomeo est tenu et a ainsi promis audit maître Pierre présent de rendre des comptes justes (*bonum computum*) de ces cinq cents volumes déposés chez lui sous sa garde, comme dit précédemment, et de donner et de lui livrer le reste de ces volumes, selon le bon vouloir du dit maître Pierre.

De même, le maître Pierre a promis au seigneur Bartolomeo présent d'imprimer cent volumes de Gentile sur le texte d'Avicenne, en plus des cinq cents déjà mentionnés, et le seigneur Bartolomeo a promis de lui

12 N° ISTC ig00145500.

donner et livrer de jour en jour du papier royal en suffisance pour ces cent volumes, et de payer et satisfaire le maître Pierre pour son salaire (*pro mercede sua*) et l'impression de ces cent volumes, selon ce qu'il plaira au seigneur Bartolomeo, en la générosité et la justice du quel maître Pierre a toute confiance. De plus, maître Pierre a promis de persévérer en tenant le compte pour le seigneur Bartolomeo des cinq cents volumes et de l'argent et des choses dépensées et données, et d'imprimer ces dits six cents volumes de Gentile sur quatre presses jusqu'à l'achèvement, et de n'imprimer entre temps aucune autre œuvre, et de ne faire commerce de ces livres avec quiconque sans licence expresse et accord dudit seigneur Bartolomeo. Et maître Pierre a promis par serment de ne promettre à aucun autre d'imprimer cette œuvre. Et toutes ces choses etc. ils ont promis sous peine de cinquante ducats d'or etc. pour chacun etc.

Témoins, le seigneur Nicolas de Flumentia.

Ser Polo Canari, notaire.

PADOUE, 13 JANVIER 1478

Source : Archivio di Stato di Padova, Notarile, b. 2908, f° 162.
Édition : Sartori, 1960, doc. XXVIII.

Dans ce contrat, Giacomo Bordegazzi s'engage à vendre des livres qu'il a probablement contribué à corriger et pour lequel il a consenti un investissement de vingt-cinq ducats. Comme Angela Nuovo l'avait déjà souligné, ce contrat esquisse une aire de distribution basée sur les sites des universités les plus proches de Ferrare et Bologne (Nuovo, 2013, p. 265), le tout pour un salaire réparti entre les deux associés Bartolomeo Valdezoccho et Pierre Maufer.

Ce contrat, comme d'ailleurs le précédent (*Cf.* Padoue, 1er octobre 1476), est à la frontière de ce que l'on peut considérer comme un contrat de travail. Le salaire de six ducats pour la vente de vingt-cinq livres semble exorbitant. On peut supposer qu'il récompense tacitement le rôle de représentant de l'entreprise que peut assumer Giacomo face à ses collègues universitaires, un rôle qui va donc bien au-delà du démarchage et de la vente ponctuelle de ces volumes. La place de Giacomo Bordegazzi au cœur de l'entreprise, qui était sous-jacente dans le contrat de 1476, semble donc bien confirmée.

L'édition qu'il doit vendre est le commentaire sur le troisième livre d'Avicenne par Gentile de Fulgineo, imprimé à Padoue par Pierre Maufer en 1477 (*Cf.* Padoue, 7 mai 1477), un très gros volume de médecine[13]. Il s'agit là encore d'une production destinée à un public universitaire classique.

Année du seigneur 1478, indiction XI, mardi XIII janvier, au banc et office de l'aigle, présents

~~Ici~~ Le respectable docteur en arts, le seigneur maître Giacomo Bordegazzi d'Orzinuovi, du diocèse de Brescia, fils du défunt et honorable homme *ser* Giovanni, habitant dans la *contrata* Burghi Zuchi, volontairement pour lui etc. a confessé avoir eu et reçu de l'excellent ~~seigneur docteur~~ savant en droit, le seigneur Bartolomeo Valdezoccho, fils du défunt et illustre docteur en droit Alvisio, habitant dans la *contrata* de San Bartolomeo de Padoue ici présent etc., vingt-cinq livres imprimés en ~~papier (*carta*)~~ de format royal (*in forma reali*) sur du papier (*carta bombicine*) dans la ville de Padoue par le maître Pierre Maufer de Normandie, Français, nommés et intitulés « Écrit de Gentile de Fulgineo sur le troisième livre d'Avicenne ».

Maître Giacomo a promis 25 de ces livres et s'oblige à les porter pour les vendre à Ferrare, Bologne et partout où il lui semblera bon, à raison de quatre ducats et demi d'or pour chaque, ledit maître Giacomo pour lui-même etc. promettant aussi au seigneur Bartolomeo ici présent etc. que, chaque fois qu'il retournera, il rendra bon compte de la gestion (*administrationis*) de ces livres qu'il vend à raison de quatre ducats et demi comme il est dit plus haut, ou de rendre ces livres ou ~~ce qu'il~~ le reste s'il n'a pas pu les vendre.

Et ainsi ledit maître Giacomo a fait, ~~parce que Bartolomeo a promis de lui donner et de lui payer pour son travail et labeur (mercede et labore) six ducats d'or à raison~~ [parce que le seigneur Bartolomeo a promis de donner pour son travail (*mercede*) cinq ducats d'or, et Pierre a promis de lui donner un ducat d'or par mois], dans le mois et à proportion du mois que le maître Giacomo passera à vendre ces livres, jusqu'à ce qu'il les rende. ~~Et concernant ces six ducats, Bartolomeo a promis et s'oblige à cet effet de donner cinq ducats seulement ; et l'autre ducat, maître Pierre est tenu de le donner en plus.~~ Et ainsi fut fait entre ces parties.

---

13 N° ISTC ig00145500.

Et ainsi le seigneur Bartolomeo est tenu à toutes les dépenses réalisées par le maître Giacomo pour transporter ces livres jusqu'au lieu approprié, c'est-à-dire toutes les taxes, impôts et toutes les dépenses ayant lieu à l'occasion de la vente des livres. Cependant, le maître Giacomo est tenu aux dépenses pour sa nourriture dans tous les cas. Et ainsi il fut ajouté et déclaré par les différentes parties, que le maître Giacomo n'est tenu à rien, [sauf en cas d'une tromperie claire et évidente] de sa faute [si ce n'est dans le cas d'une tromperie expresse], et pas autrement.

Mais le maître Pierre, en cas d'accident fortuit arrivant au maître Giacomo, [que Dieu prévienne], est tenu à donner réparation au maître Bartolomeo. [[14]…] Les parties déclarent que le maître Giacomo peut imprimer d'autres livres s'il lui plait de les vendre, qui ne soient pas ceux du seigneur Bartolomeo, sans que son salaire (*salarium seu mercedem*) en parallèle n'en soit diminué, c'est-à-dire comme dit plus haut, six ducats par mois.

Et tout cela etc. les parties le promirent etc.[15] ~~…~~ sous peine de 25 livres etc. pour chacun etc.

Témoins *Ser* Gulielmo de Vicence[16]…

Ser Jacobo de *ser* Francesco.

PADOUE, 23 MAI 1478

Source : Archivio di Stato di Padova, Notarile, b. 2908, f° 181r.
Édition : Sartori, 1960, doc. XXXIII.

Ce contrat est rédigé selon une forme proche du précédent contrat entre Pierre Maufer et Bartolomeo Valdezoccho (*Cf.* Padoue, 13 janvier 1478), ce qui semble indiquer que l'association avait donné satisfaction. Quelques éléments seulement sont précisés : le premier est explicitement en charge de la gestion de l'atelier et des ouvriers ; et les modalités de paiement sont légèrement revues. Pierre Maufer semble être un maître d'atelier fiable et reconnu, ce qui va l'entraîner vers d'autres associations, et l'assure de collaborations malgré

14 Ajout illisible.
15 Passage biffé illisible.
16 Passage difficile à lire.

des difficultés financières. Il s'agit ici de se lancer dans une nouvelle entreprise éditoriale conséquente : l'impression du Digeste Nouveau[17].

Le document est rédigé de façon très nette, sans rajout ni rature. Dans le registre du notaire suit l'inventaire dont il est fait mention ici, écrit d'une autre main.

1478 XIe indiction, samedi XIIIe du mois de mai, à Padoue, dans le palais communal, au banc et à l'office du paon.

Le respectable citoyen padouan seigneur Bartolomeo Valdezoccho, fils du défunt et honorable seigneur Alvise de la *contrata* de San Bartolomeo, en son nom propre d'une part, et maître Pierre Français, fils du défunt Thomas, de la *contrata* San Blasio, volontairement etc. sont convenus réciproquement par pacte exprès et stipulation solennelle d'imprimer et faire imprimer mille volumes du Digeste nouveau comme ce qui suit, à savoir

D'abord que ledit seigneur Bartolomeo a promis et s'oblige de payer et de faire toutes les dépenses nécessaires aux charges et aux salaires pour les ouvriers (*oris et salaria pro laborantibus*) dans ce travail (*opere*), jusqu'à son achèvement.

De même, sur cinq cents volumes de cette œuvre qui seront imprimés, vendus et distribués par le seigneur Bartolomeo, ils retirent toutes les dépenses faites pour le papier de l'impression de cette œuvre ; et une fois satisfaction et paiement, le reste de ces cinq cents volumes est divisé également entre le seigneur Bartolomeo et maître Pierre.

De même, sur les autres cinq cents volumes de cette œuvre, sont enlevées d'abord toutes les dépenses faites pour la nourriture et le salaire des ouvriers de ce travail, et une fois satisfaction et paiement, le reste de ces cinq cents volumes doivent revenir à maître Pierre, dont il peut disposer librement selon son bon vouloir.

De même dans l'impression de cette œuvre, le seigneur Bartolomeo en est le promoteur principal (*superior et auctor principalis*), qui recueille et doit recueillir et garder chez lui les cahiers (*quinterniones*) de cette œuvre, imprimés chaque jour, jusqu'à l'achèvement de tout le travail, dont maître Pierre est ainsi l'agent (*minister*).

De même, maître Pierre a promis de faire l'encre pour ce travail, et de s'occuper effectivement, fidèlement et diligemment avec les autres ouvriers de ce travail pour sa continuation et son achèvement.

---

17 N° ISTC ij00568000.

Et de même, maître Pierre a promis de s'obliger à imprimer ou faire imprimer cent volumes de cette œuvre, qui doivent être donnés au seigneur Bartolomeo, librement et sans difficulté, le seigneur Bartolomeo fournissant le papier en quantité suffisante pour ces cent volumes. Et de même, ledit seigneur Bartolomeo est tenu et doit mettre à disposition et en présence de témoin et de moi notaire, et a mis à disposition de maître Pierre les choses écrites ci-dessus et les affaires de maison présentes dans l'inventaire inséré par la suite, à l'usage de maître Pierre et des ouvriers pour ce travail, et il a promis de les restituer une fois ce travail fini, sous obligation etc. ils ont promis toutes ces choses sous peine de cinquante ducats d'or. Pour lesquels etc. ils ont juré sur les Saints Évangiles de Dieu.

PADOUE, 14 NOVEMBRE 1478

Source : Archivio di Stato di Padova, Notarile, b. 3768, f° 143.
Édition : Sartori, 1960, doc. XL (une grande partie de la fin du texte n'était pas transcrite).

Ce contrat d'embauche d'un libraire à Padoue pour le compte de la grande compagnie typographique de Johann de Cologne et Johann Manthen est caractéristique du phénomène de double boutique, souligné par Marco Menato et Lorenzo Carpanè (1992, p. 256). L'absence de précision sur le salaire et la référence à d'autres embauches laissent imaginer qu'il s'agit déjà d'une pratique courante et que le contrat est relativement standard. Les clauses sont assez habituelles quant à l'obligation de vendre exclusivement les livres – et d'ailleurs plus largement, tout type de marchandises – de la compagnie, sauf autorisation contraire. Johann de Cologne et Johann Manthen sont en effet des marchands allemands, qui négociaient d'autres marchandises avant de se spécialiser dans le livre. Ces deux individus sont liés à des familles marchandes de Cologne et de Francfort, très bien implantées dans le commerce italien (Coppens, 2014 ; Wirtz, 2006). Il s'agit, avec Nicolas Jenson, de l'entreprise typographique la plus productive avant 1480. Le libraire qu'ils emploient, Simone di Bartolomeo Verde, est par ailleurs connu pour travailler déjà avec un imprimeur vénitien, Franz Renner, en 1477, et est en correspondance d'affaires avec son frère Bernardo, resté à Florence (Ridolfi, 1967, p. 54-55).

Simone continue à expédier des cargaisons de livres vers Florence en 1479 pour le compte de Franz Renner et ses associés ; en 1480, il tient un dépôt de livres à Lucques et la récente étude de Lorenz Böninger montre qu'il est sans doute également en relation d'affaires avec le grand libraire génois, Bartolomeo Lupoto (Böninger, 2020). En tout état de cause, il s'agit d'un acteur majeur du commerce du livre italien, qui joue sur les contacts vénitiens et florentins, mais étend également son activité au-delà de ces deux villes.

Padoue dans la *contrata* Domus Dei, dans la maison d'habitation des héritiers du défunt *ser* Giovanni de Tremonia, présents *ser* Giovanni Francesco d'Allemagne fils du défunt *ser* Enrico, habitant de Padoue dans la *contrata* Santa Lucia et *ser* Giorgio bedeau, fils de *ser* Giovanni de Nona, habitants de Padoue dans la *contrata* Domus Dei.

Ici, *ser* Simone fils du défunt *ser* Bartolomeo Verde de Florence, et habitant ici à présent, demeurant Padoue, a convenu de ce pacte et a promis solennellement au respectable *ser* Johann de Cologne fils du défunt ser Gerard habitant de Venise dans la *contrata* de San Paternian, stipulant [au nom de *ser* Johann Manthen de Geresen son associé, et leurs héritiers, à qui il a promis pour sa part, et sous obligation des biens, stipulant et affirmant…] et en son nom, de leur prêter et consacrer tout son travail et son industrie (*omnia eius opera et industriam*) pour vendre des livres et pour tout autre négoce et travail à faire à tout endroit que ledit maître Johann jugera bon de l'envoyer, en son nom et au nom de son associé, [pendant trois ans continus commençant au premier jour de décembre prochain]. Ledit Simone promettant audit maître Johann, pour lui et à celui qu'il représente, de s'exercer et de travailler (*se exercere et operari*) diligemment et fidèlement à la vente de ces livres et de ce que le maître Johann ou son associé lui donneront ; de ne pas s'exercer à la vente de livres ou de marchandises d'aucun autre sans le consentement et l'autorisation des dits maître Johann [et son associé], en aucun lieu, sous peine de perdre tout son gain (*lucrum*) et tout ce qu'il peut gagner, comme si ce gain était et devait être auxdits maîtres Johann et son associé et que Simone accomplissait ces gains en leur nom et pour eux, et non pour lui ni pour aucune autre personne ; de ne pas commettre ni de permettre que soit commis aucune fraude ou tromperie envers ledit maître Johann et associé, dans quelque affaire dont il s'occuperait pour eux ; de susciter le profit (*utilitatem solicitare*), de bien et fidèlement administrer, de rendre des comptes justes, et de livrer tout ce qui plaira audit Johann et associé et où il leur plaira.

Et Simone a fait cela parce que ledit *ser* Johann en son nom et au nom de son associé, pour leur part et sous peine et obligation, a promis solennellement à Simone de pourvoir aux dépenses de vivres en suffisance et d'habitation, et de donner et payer pour son travail et salaire (*mercede et salario*), par an et chaque année, autant que le maître Johann en leur nom paie Juliano de Raspondio de Modène ou Giovanni Bernardo de Vérone dans ladite année.

Et tout ce qui est écrit ci-dessus dans cet instrument, les parties déclarent en être satisfaites et se sont promis réciproquement, de s'y tenir et de l'observer, sous peine de vingt-cinq livres *parvorum* en cas de manquement, et paiement des dommages, intérêts et dépenses de la partie adverse, qu'ils s'engagent à exiger au contrevenant.

Toutes les parties présentes s'engagent à observer et respecter fermement, et se sont obligées réciproquement, ainsi que leurs héritiers, sur leurs biens mobiliers et mobiliers, présents comme futurs. Une des parties peut amener les autres parties à respecter cet accord sur leurs biens, jusqu'à satisfaction complète de tout ce qui est mentionné, tant à Padoue, à Venise, à Vicence, à Vérone, à Trévise qu'en tout autre lieu. Renonçant à ce sujet à tout statut ou législation padouane ou de toute autre cité ou lieu, et tout recours à des appels ou annulations, à perpétuité, spécifiquement et de façon expresse[18].

PADOUE, 8 FÉVRIER 1479

Source : Archivio di Stato di Padova, Notarile, b. 247, f° 233.
Édition : Sartori, 1960, doc. XLIV.

La compagnie qui se constitue ici pour imprimer tout ou partie du Digeste de Justinien, associe un grand nombre d'acteurs, dont les rôles exacts peuvent être en partie déduits de ce contrat. Bartolomeo Valdezoccho et Gabriele de Ferrare jouent le rôle de correcteurs et semblent être les dirigeants de

18 Les formules juridiques de cette fin de texte ont été simplifiées.

la compagnie, même si la direction administrative semble être par la suite attribuée à Antonio de Crémone. D'après un document du 25 février, Pierre Maufer prête du matériel ; lui-même ainsi que les autres membres de la compagnie semblent être des typographes, dont certains sont bien connus pour leurs activités postérieures. Ercole de Busca est à Venise entre 1480 et 1486, même s'il garde un ancrage à Padoue (Rigoni, 1933-1934, p. 290) ; il est le fils de Belingieri et est originaire d'Asti. Bonino Bonini de Raguse est un imprimeur d'origine dalmate et imprime à Venise entre 1479 et 1487. Il est également actif en France et à Lyon, où son activité de libraire lui sert de couverture : il est en effet rétribué par le Conseil des Dix comme espion, ce dont il est finalement récompensé par des bénéfices ecclésiastiques à Padoue et Trévise notamment (Donati, 1927 ; Donati, 1927 ; Dalla Santa, 1915). Antonio de Strada est ouvrier à Venise à partir de 1480, puis y imprime à son nom, jusqu'au moment où il est accusé du meurtre d'un autre imprimeur, Giovanni Antonio de Castro Zufredo en 1495[19]. Antonio de Castelnuovo n'est pas connu par ailleurs.

L'établissement de cette compagnie a suscité beaucoup de productions écrites, dont certaines ont été rassemblées dans le registre du notaire, sans que celui-ci en ait été le scripteur ; le notaire semble avoir voulu rassembler des documents qui ont pu faire office de documents préparatoires, même si ceux-ci comportent des signes de validation. En particulier, le contrat du 8 février 1479 est présent dans le registre sous deux formes : la forme vernaculaire (f° 233), qui est celle qui a été prise pour base pour cette traduction, est sans doute rédigée de la main de Valdezoccho ; la forme latine a été rédigée par le notaire (f° 219).

Cette version vernaculaire a été rédigée sur la marge de queue d'une feuille de papier imprimée, qui a été relié dans le registre *a posteriori*. Il est possible d'identifier le texte imprimé comme étant issu le *Super tertio libro Canonis Avicennae*, imprimé par Maufer et Valdezoccho en 1477 (*Cf.* Padoue, 13 janvier 1478). La version vernaculaire, qui semble être la rédaction originelle du contrat, nous a paru plus à même de refléter les évolutions et les négociations éventuelles. La version latine est une mise au net sur une page du registre, avec quelques ajouts ultérieurs mineurs : nous avons choisi de ne pas le reproduire ici, car elle fait largement doublon avec la version vernaculaire. On remarquera simplement que la mention du nom de Zaccaria Zaccarotto est barrée dans ce texte et n'apparaît pas non plus dans la version latine. Une mention à la suite du contrat latin indique simplement que Pierre Maufer, avec l'accord de ses associés, donne à Zaccaria Zaccarotto une de ses deux parts[20].

---

19 ASVe, Avogaria di Comun, b. 3658, fol 36r, 30 janvier 1495.

20 « *Ser* Pierre Français [...] avec l'autorisation de tous lesdits associés, a donné et a transmis à l'illustre docteur en droit, le seigneur Zaccaria Zaccarotto, citoyen de Padoue présent et

L'édition concernée par ce contrat est l'*Infortiatum*, soit la deuxième partie du Digeste de Justinien, publié par Pierre Maufer vers 1479[21] et représente en quelque sorte la continuité du projet sur le Digeste Nouveau (*Cf.* Padoue, 23 mai 1478).

Jésus

Nous [Bartolomeo Valdezoccho pour une part, et moi maître Pierre Français pour deux parts, Ercole [de Busca] pour une part en son nom, et une autre part pour Boni de Raguse, pour lequel ledit Ercole promet en son nom, et Antonio de Crémone pour une autre part, et Antonio de Castelnuovo pour une autre part] ~~Zaccaria Zaccarotto et moi maître Pierre Français et Ercole de Busca en mon nom propre et au nom d'Antonio de Crémone et au nom d'Antonio de Castelnuovo pour lesquels moi Ercole je promets~~ [et Boni de Raguse] sommes satisfaits d'imprimer en compagnie (*de compagnia*) l'*Inforciato*, selon les modalités et les formes des pactes et conventions que *meser* Bartolomeo Valdezoccho et Gabriele de Ferrare, correcteur (*corrector*), commanderont, et auxquels nous tous donnons pleine liberté et pouvoir pour décider des modalités et des conditions sur la manière de régler la vie quotidienne et les dépenses de maisons et d'approvisionnement qui devront être faites pour ce travail (*opera*) ; de même pour prendre les ouvriers (*lavoranti*) et leur salaire (*salarii*), comme pour vendre et envoyer les livres produits. De même ils peuvent statuer et mettre à l'amende tous ceux qui contreviendraient à leurs ordres selon ce qui leur semblera. En somme, ils peuvent décider de toute chose qui leur semblera nécessaire à ce travail.

[De même, ils peuvent, une, deux ou trois fois, chaque fois qu'il leur semblera, décider sans empêchement, qu'ils rajouteront un autre article au règlement durant ce travail, et si un conflit entre eux apparaissait pendant le travail, ils seraient eux-mêmes les juges et arbitres dans cette dispute[22]]

Ils feront toutes ces choses et nous, ~~maître Zaccaria et moi maître Pierre et Ercole au noms des personnes citées et Boni~~, promettons de respecter et d'observer sous peine de cent ducats. Et celui qui n'est pas

---

acceptant, une de ses deux parts de ladite société » : Archivio di Stato di Padova (ASPa), Notarile, b. 247, f° 219v.

21 N° ISTC ij00556000.

22 Passage rajouté au verso en latin.

satisfait de ce qu'ils feront, doit aller à San Marco et être privé de toute participation de la compagnie de ce travail. *Et tous le jurent etc. pour ceux etc.*

Témoins le seigneur ser *Giovanni Pietro de'Carari médecin*[23]
Le seigneur Pierre Ferro Persart, fils de Giovanni du diocèse de Rouen
Ser *Angelo Alberto fils du défunt Natale de Venise*
Le seigneur Zaccaria l'a juré.

PADOUE, 1er DÉCEMBRE 1479

Source : Archivio di Stato di Padova, Notarile, b. 1595, f° 351 et suivants.
Édition : Sartori, 1960, doc. LII.

Ce contrat permet d'observer les relations entre les imprimeurs et les papetiers, ici de Toscolano. Contrairement à ce que l'on a pu observer dans certains contrats bolognais, il s'agit d'un contrat de vente de papier qui ne prévoit pas d'exclusivité, dans un sens comme dans un autre (*cf.* Bologne, 20 novembre 1473). Le papetier mentionné, Scalabrino de'Agnelli, fut également éditeur : il finance la publication des *Rudimenta grammatices* de Nicolo Perotto (Fattori, 1995, p. 14-16)[24]. Il s'agit de l'un des rares exemples où un papetier joue ce rôle, ce qui témoigne de la fluidité des rôles dans les premières années de l'imprimerie. Si ce papier était destiné à Padoue, il contreviendrait au monopole des papeteries de la Battaglia, contrôlée par Federico Corner, même si ce monopole semble difficile à faire respecter (Sartori, 1960, p. 131-134). Ici, cependant, le papier doit être transporté à Vérone, ce qui permet de contourner les règlementations spécifiques à Padoue. Ce contrat intervient par ailleurs alors que Pierre Maufer semble transférer son activité à Vérone, sans doute dans le courant de l'année 1480. À travers ce document, on voit combien certains acteurs déploient leurs activités dans cet espace régional, qui est une zone très cohérente de circulation des hommes, des livres, des techniques et du matériel, en particulier dans ce que Daniela Fattori appelle le « triangle typographique Brescia-Vérone-Padoue », mais même au-delà. Pierre Maufer est extrêmement représentatif de cette situation dans les premières décennies de l'imprimerie en Italie du Nord (Rideau-Kikuchi, 2022).

23 Changement de main.
24 Nicolaus Perottus, *Rudimenta grammatices*, Toscolano [ou Vérone], pour Scalabrinus de Agnellis, 1480, n° ISTC ip00315600.

Ce contrat d'approvisionnement laisse également apercevoir la pratique des échantillons déposés chez le notaire : nous n'avons pas conservé la feuille déposée pour témoigner de la qualité du papier, mais cette mention rappelle les feuilles d'essai authentifiées pour des impressions – ainsi que d'autres pratiques de croquis préparatoires dans d'autres corps de métier, notamment les peintres (*Cf.* Bologne, 15 juin 1489).

On constate enfin l'association de l'imprimeur Pierre Maufer avec un chanoine de Brescia, Antonio de Hongrie, mais sur lequel nous n'avons pas d'autres informations.

M CCCC LXXVIIII, douzième indiction, mercredi premier décembre.

Padoue dans la *contrata Columbinorum*, dans la maison d'habitation du seigneur Antonio.

Le prudent *ser* Scalabrino de Toscolano de'Agnelli papetier (*cartarius*), fils du défunt *ser* Antonio, habitant de Toscolano sur la rive de Salo, volontairement etc. pour lui et ses héritiers et par solennelle stipulation a promis au vénérable étudiant en droit, le seigneur Antonio chanoine de Brescia de Hongrie, fils du défunt Dionisio, maintenant habitant de Padoue dans la *contrata* des pigeons, et au maître Pierre Français, imprimeur, fils du défunt *ser* Thomas habitant maintenant à Padoue dans la dite *contrata*, présents, pour eux et leurs héritiers, de leur donner et de leur vendre deux cent soixante rames transportées à la cité de Vérone aux frais de *ser* Scalabrino, de dimensions d'une feuille de papier *mezana*, de blancheur et de qualité (*albedinis et bonitatis*) d'une autre feuille (*folei*) de petite taille, déposées chez moi, notaire, pour en témoigner, à raison de sept livres en monnaie vénitienne pour chaque rame, et cela pour tout le mois de février prochain, et dans la mesure où rien n'empêcherait *ser* Scalabrino de travailler pendant ce temps.

Et en retour, lesdits seigneur Antonio et maître Pierre, chacun de concert et pour eux-mêmes, principalement de concert et chacun pour eux-mêmes, ont promis pour eux et pour leurs héritiers[25] audit *ser* Scalabrino, à lui-même ou à ses héritiers, de lui donner et payer le prix de ce papier au fur et à mesure que le *ser* Scalabrino présentera ce papier au seigneur Antonio et à maître Pierre ou à d'autres en leur nom. Et comme avance et paiement partiel, *ser* Scalabrino a reconnu volontairement avoir reçu de la part du seigneur Antonio et de maître Pierre vingt-cinq ducats d'or, pour lui et ses héritiers.

25 Passage difficilement lisible.

Renonçant etc. Et à partir de ces vingt-cinq ducats, *ser* Scalabrino a fait faire etc. Ce pacte conclu solennellement, avec pour condition que si le *ser* Scalabrino ne donne pas le papier dans le temps prévu par sa faute, alors le seigneur Antonio et le maître Pierre peuvent le charger de tous les dommages ; et de même, si le seigneur Antonio et le maître Pierre ne versent pas l'argent dû à *ser* Scalabrino dans les dix jours suivant la présentation par *ser* Scalabrino du papier, alors il peut les charger de tous les dommages[26].

Témoins *ser* Francesco de Conegiano, fils du défunt Bartolomeo, habitant dans la *contrata* Lunga Zzucha ; *ser* Andrea fils du défunt maître Lorenzo de Lendenaria maintenant habitant dans la *contrata Columbinorum.*

PADOUE, 28 SEPTEMBRE 1481

Source : Archivio di Stato di Padova, Notarile, b. 1595, f° 351 et 352.
Édition : Sartori, 1960, doc. LX.

Ce contrat précise et aménage la collaboration de la compagnie concernant le Digeste (*Cf.* Padoue 23 mai 1478), mais spécifiquement entre deux associés, Pierre Maufer et Zaccaria Zaccarotto, et précise en particulier les modalités de travail et d'utilisation du matériel typographique de Pierre Maufer.

Ce document a été écrit en langue vernaculaire, sans doute de la main de Pierre Maufer, comme en témoignent les noms des premières personnes initialement utilisées puis barrées à la relecture.

Qu'il soit connu et manifeste à qui verra cet écrit que *misser* Zaccaria Zaccarotto et maître Pierre Français imprimeurs de livres sont arrivés à cette convention et à cet accord. Ledit *misser* Zaccaria s'oblige à payer toutes les dettes qui ont été contractées pour la fabrication (*cagione*) du Digeste Nouveau, c'est-à-dire ff Novo (*sic*), comme les frais de boulangers, de boucher, de poissonnier, de travailleurs, qui n'ont pas été payés, ou les boutiquiers ou les marchands. Ledit *misser* s'oblige à payer pour maître Pierre et à ne jamais rien lui demander sur ces choses ; et s'il se trouvait

26 Passage difficilement lisible.

que le maître Pierre soit débiteur de mille ducats, il ne devra rien payer [ni rien demander à ces créditeurs], [et le conserver sans dommage]. Au cas où ledit *misser* Zaccaria lui demandait une compensation, *misser* Zaccaria serait tenu de payer cinq cents ducats au maître Pierre, sans rémission aucune, si bien que *misser* Zaccaria et maître Pierre annulent toute constitution, toute convention et toute écriture qui aurait eu lieu jusqu'à cette heure, [sauf ce présent écrit].

[De même], qu'il soit connu et manifeste à toute personne qui lirait cet écrit que *misser* Zaccaria Zaccarotto et maître Pierre sont arrivés à cette convention et cet accord ensemble.

Maître Pierre est satisfait de donner la moitié de sa part du Bartole, qu'il recevra selon la convention faite entre la compagnie et ratifié par *ser* Fabrizio, notaire au Palais. Et parce que ledit maître Pierre dépensé de quoi faire quatre casses de lettres, fondues avec son métal à mes frais (*le spese de metter quattro capse de lettere bactude dello suo staygno ad mio spese*), et parce que ledit maître Pierre a donné la moitié de sa part audit *misser* Zaccaria, celui-ci lui promet de payer la part qui revient à maître Pierre, à savoir le papier, et parce que maître Pierre a dépensé dans la fabrication de ces quatre casses de lettres, ledit *misser* Zaccaria lui donne libéralement et sans rien lui demander huit Digestes Nouveaux et cinq *Inforciati* pour payer ~~ma~~ [sa] dette [envers maître Pierre].

De même, que les dites quatre casses de lettres sont ~~à moi~~ [au maître Pierre], librement, et sans que ledit *misser* Zaccaria ne puisse rien lui demander[27] ~~....~~ ; et que ledit *misser* Zaccaria approuve ce que dit cet instrument et ce que fera la majeure partie de la compagnie ; et selon ce que fera la compagnie, ledit *misser* Zaccaria est tenu d'en être satisfait, de même que maître Pierre, sous peine de cinq cents ducats, dont la moitié va à Saint-Marc et l'autre moitié au podestat.

De même, que ledit *misser* Zaccaria est satisfait que maître Pierre ait la moitié de des poinçons (*polsoni*) que lui a donné maître Francesco, et de la toile pour de la chaux de grain fin[28].

De même que ledit *misser* Zaccaria donne audit maître Pierre cent 60 lires de lettres de métal, librement et sans rien lui demander.

De même que ledit *misser* Zaccaria est obligé de m'aider à faire ma part à l'égard de Ercole de Crémone [on entend par là les XXXXI Digestes

27 Ratures difficilement lisibles.

28 La traduction est incertaine : « *un panno per una parre de calce de grana fine* ».

Nouveaux que font Ercole et Antonio de Crémone, lesquels sont pour moitié à *misser* Zaccaria et l'autre moitié à maître Pierre].

Pierre Français a écrit ce présent écrit de ma main ce jour.

[De plus, par la volonté de *misser* Zaccaria, ils promettent ensemble de donner à *ser* Francesco Giusto notaire un volume complet pour son mérite (*per suo merito*) et un Bartole parmi ceux qui seront faits]

PADOUE, 15 MARS 1482

Source : Archivio di Stato di Padova, Notarile, b. 2908, f° 322.
Édition : Sartori, 1960, doc. LXIV.

Antonio Strada de Crémone, imprimeur faisant partie de la compagnie du Digeste depuis 1479, embauche ici Cristofano de Pavie pour tenir une boutique. Les conditions et en particulier les clauses comminatoires sont particulièrement drastiques, afin d'assurer que le libraire embauché ne vende pas d'autres livres que ceux qu'Antonio lui fournit. Cristofano est rémunéré par un salaire fixe et non par un pourcentage des ventes, comme cela se retrouve parfois[29] : cela en fait un véritable employé et non pas un membre de l'entreprise, participant aux bénéfices. Dans les années 1480, la concurrence entre les différents pôles d'imprimerie est particulièrement rude, et rend les conditions d'exercice de l'activité de plus en plus précaire. C'est sans doute cette crainte qui entraîne Antonio Crémone à se montrer aussi drastique. La présence de contrats similaires à Bologne permet de comparer les conditions d'exercice de cette activité (*Cf.* Bologne, 7 décembre 1474).

Sartori fait l'hypothèse que le libraire mentionné ici est Cristoforo dei Cani, qui imprime à Pavie à partir de 1484 et également enlumineur et sculpteur (Sartori, 1960, p. 192).

Ce document est en vernaculaire, à l'exception de quelques passages en latin.

Moi, Antonio de Crémone, imprimeur, suis d'accord avec Cristofano de Pavie pour lui donner quatre ducats par mois, les frais étant à sa charge, pour que ledit Cristofano tienne la boutique pour vendre mes

29 Voir par exemple le contrat pour la création d'une filiale des Giolito à Padoue en 1542 (ASPa, Notarile, b. 4838, f° 213, 6 mars 1542).

livres, [*pendant une durée d'un an commençant au premier jour de ce mois de mars*]. Il est de plus tenu d'enluminer, et tout ce qu'il gagnera à enluminer revient à moi et à mon compte.

Il est tenu de ne pas vendre d'autres livres que les nôtres à Ercole et moi. Chaque fois qu'il se trouvera qu'il aura vendu ou fait vendre par d'autres, ou envoyé des personnes dans d'autres boutiques que les nôtres pour acheter des livres [que nous avons], ledit Cristofano perdra tout le salaire que nous lui devons, et aura une peine de 50 ducats à payer pour moitié à la Chambre Fiscale de Padoue, pour moitié à l'accusateur, et cela chaque fois qu'il se trouvera à faillir.

De plus nous voulons, si ledit Cristofano produit des *novelle*[30] qu'il soit tenu par cet accord où qu'il se trouve, [que ce soit à Rome comme à Naples et Milan, et en tout autre lieu].

Nous voulons qu'il puisse être convoqué, blessé ou non, qu'il puisse être poursuivi devant tout tribunal ecclésiastique comme séculier chaque fois qu'il contreviendra à notre pacte, et qu'il ne trouve d'asile ni dans une église, ni dans sa maison, ni en aucun autre lieu, et qu'il puisse être arrêté partout.

Le compte de ces livres doit être tenu dans un écrit fait de sa main que j'aurai, et lui me doit rendre bon compte chaque dixième jour de chaque mois, selon ce qu'il me plaira ; [et quand je lui donnerai des livres, il l'écrira de sa main et ils seront *sous sa responsabilité* (*sub eadem obligatione*)].

~~De plus, nous voulons qu'il soit tenu à rendre compte des livres vendus par lui, et que le nom de ceux qui les achètent soit noté. Et chaque fois qu'il contreviendra à cette clause, il subira la peine citée plus haut etc.~~

Et tout cela ils l'ont promis… sous peine de XXV ducats etc. pour chacun etc.
1482 XVe indiction, vendredi xv mars au banc des victuailles.

…[31]

30 Peut-être un type de livre juridique. Traduction incertaine : « *fesse novelle alcune de ditti libri* ».

31 Liste des témoins très difficile à lire.

REMERCIEMENTS

Je remercie Florian Besson, Mathieu Grenet, Pauline Guéna et Michael Wilmart qui m'ont éclairée sur certains passages délicats. Ce travail a vu le jour grâce aux financements récurrents du laboratoire DYPAC et de la Graduate School Humanités – sciences du patrimoine (université Paris-Saclay). Les archivistes des archives d'État m'ont accueillie avec une grande bienveillance : je terminerai en les remerciant chaleureusement.

BIBLIOGRAPHIE

Anheim, Étienne. 2011. « Expertise et construction de la valeur artistique (XIVe-XVe siècle) », *Revue de Synthèse*, vol. 132, n° 1, p. 13-31.

Arnauldet, Pierre. 1905. « Les imprimeurs Nicolas Jenson et Jacques Lerouge », *Bulletin de la société nationale des antiquaires de France*, p. 359-363.

Ascarelli, Fernanda et Menato, Marco. 1989. *La Tipografia del '500 in Italia*, Florence, Olschki.

Avellini, Luisa, 1994. « Promozione libraria nel Quattrocento bolognese », dans *Sul libro bolognese del Rinascimento*, Luigi Balsamo et Leonardo Quaquarelli (éd.), Bologne, CLUEB Archivio umanistico rinascimentale bolognese, p. 114-119.

Bacchi, Maria Cristina. 1988. « Tipografi e Università nel Quattrocento », dans *Alma mater librorum : nove secoli di editoria bolognese per l'Università*, Bologne, CLUEB/il Mulino/Nuova Alfa/Zanichelli, p. 91-113.

Balsamo, Luigi. 1983. *Produzione e circolazione libraria in Emilia : XV-XVIII sec.*, Parme, Casanova.

Barbier, Frédéric. 2006. *L'Europe de Gutenberg : le livre et l'invention de la modernité occidentale, XIIIe-XVIe siècle*, Paris, Belin.

Baxandall, Michael. 1985. *L'Œil du Quattrocento*, Paris, Gallimard.

Bellingradt, Daniel. 2021. « The Paper Trade in Early Modern Europe : An Introduction », in *The Paper Trade in Early Modern Europe*, Daniel Bellingradt et Anna Reynolds (éd.), Leyden, Brill, 2021.

Benati, Amedeo. 1990. « La Geografia di Tolomeo. Bologna e le prime edizioni a stampa », *Il Carrobbio*, vol. 16, p. 61-66.

Bernardi, Philippe. 2001. *Maître, valet et apprenti au Moyen Âge : essai sur une production bien ordonnée*, Toulouse, CNRS Ed.

Bernardi, Philippe. 2014. « L'évolution du vocabulaire de la rémunération du travail en Provence d'après les contrats d'apprentissage et d'embauche, 1400-1540 », dans *Rémunérer le travail au Moyen Âge : Pour une histoire sociale du salariat*, Patrice Beck, Philippe Bernardi et Laurent Feller (éd.), Paris, Picard, p. 210-220.

Bernardi, Philippe et Verna, Catherine. 2001. « Travail et Moyen Âge : un renouveau historiographique », *Cahiers d'Histoire. Revue d'histoire critique*, n° 83, p. 27-46.

Bonicoli, Louis-Gabriel. 2015. « La production du libraire-éditeur Antoine Vérard (1485-1512). Nature, fonctions et circulation des images dans les premiers livres illustrés », Thèse de doctorat, Nanterre, Université Paris Ouest – Nanterre La Défense.

Bonifati, Giovanni. 2008. *Dal libro manoscritto al libro stampato : Sistemi di mercato a Bologna e Firenze agli albori del capitalismo*, Turin, Rosenberg & Sellier.

Böninger, Lorenz. 2021. *Niccolò Di Lorenzo Della Magna and the Social World of Florentine Printing, ca. 1470-1493*, Cambridge, Harvard University Press.

Böninger, Lorenz. 2020. « Da Vespasiano da Bisticci a Franz Renner e Bartolomeo Lupoto. Appunti sul commercio librario tra Venezia, la Toscana e Genova (ca. 1459-1487) », dans *Printing R-Evolution and Society 1450-1500. Fifty Years that Changed Europe*, Cristina Dondi (éd.), Venise, Edizioni Ca'Foscari, 2020, p. 622-647.

Bozzolo, Carla, Muzerelle, Denis et Coq, Dominique. 1997. « Noir et blanc : premiers résultats d'une enquête sur la mise en page dans le livre médiéval », dans *La Face cachée du livre médiéval*, Rome, Viella, p. 473-508

Branca, Vittore. 1973. « Ermolao Barbaro and late Quattrocento Venetian humanism », dans *Renaissance Venice*, John Hale (éd.), Londres, Faber and Faber, p. 193-212.

Braunstein, Philippe. 2003. *Travail et Entreprise au Moyen Âge*, Bruxelles, De Boeck.

Braunstein, Philippe. 2016. *Les Allemands à Venise (1380-1520)*, Rome, École française de Rome.

Camerini, Paolo. 1962. *Annali dei Giunti*, Florence, Sansoni Antiquariato.

Chauvet, Paul. 1959. *Les Ouvriers du livre en France : des origines à la Révolution de 1789*, Paris, Presses Universitaires de France.

Cioni, Albredo. 1994. « Faelli, Benedetto », *Dizionario Biografico degli Italiani*, Rome, Treccani, vol. 44.

Contò, Agostino. 1990. « La società Maufer-Confalonieri e la stampa quattrocentesca di Virgilio », *Verona illustrate*, n° 3, p. 23-33.

Contò, Agostino. 2003. *Calami e torchi*, Vérone, Della Scala.

Coppens, Christian. 2014. « Giovanni da Colonia *aka* Johann Ewylre/Arwylre/Ahrweiler : the early printed book and its investors », *La Bibliofilia*, n° 116, p. 113-120.

Cottereau-Gabillet, Emilie. 2007. « Les contrats de copistes en France aux XIVe et XVe siècles et l'influence des formules notariales bolonaises », *Mélanges de l'École française de Rome. Moyen Âge*, vol. 119, n° 2, p. 415-445.

Dalla Santa, Giuseppe. 1915. « Il tipografo dalmata Bonino de Boninis, "confidente" della reppublica di Venezia, decano della cattedrale di Treviso (ca. 1454-1528) », *Nuovo Archivio Veneto*, vol. 15, n° 30, p. 174-205.

Daniels, Tobias. 2018. « Absatzmärkte und Verbreitungswege für Bücher des venezianischen Verlags Nicholas Jenson und Johannes von Köln nördlich der Alpen », dans *Venedig und der oberdeutsche Buchmarkt um 1500*, Bernd Roeck (éd.), Wiesbaden, Harrassowitz, p. 53-90.

Davis, Natalie Zemon. 1966. « A trade union in sixteenth-century France », *The Economic History Review*, NS 19, n° 1, p. 48-69.

De Tata, Rita. 2021. *Il Commercio librario a Bologna tra XV e XVI secolo*, Milan, FrancoAngeli.

Dietz, Alexander. 1910. *Frankfurter Handelsgeschichte*, Francfort, Hermann Minjon, 1910.

Donati, Lamberto. 1927. « Bonino de Boninis », *Archivio storico per la Dalmazia*, 1927, vol. 2, n° 3, p. 54-64.

Donati, Lamberto. 1927. « Alcune note su stampatori dalmati », *Archivio storico per la Dalmazia*, vol. 2, n° 4, p. 54-63.

Dondi, Cristina. 2004. « Printers and guilds in fifteenth-century Venice », *La Bibliofilia*, vol. 106, n° 3, p. 231-265.

Dondi, Cristina (éd.). 2020. *Printing R-Evolution and Society 1450-1500. Fifty Years that Changed Europe*, Venise, Edizioni Ca'Foscari.

Dondi, Cristina et Harris, Neil. 2013. « Best selling titles and Books of hours in a Venetian bookshop of the 1480's : the *Zornale* of Francesco de Madiis », *La Bibliofilia*, vol. 115, n° 1, p. 63-82

Dondi, Cristina et Harris, Neil. 2014. « Exporting books from Milan to Venice in the fifteenth century : evidence from the *Zornale* of Francesco de' Madiis », *La Bibliofilia*, vol. 116, p. 121-148.

Érasme. (1518) 1992. *Colloques*, Étienne Wolff (éd.), Paris, Imprimerie nationale.

Espinas, Georges. 1904. « Jehan Boine Broke, Bourgeois et drapier Douaisien. (?-1310 env.). (Fortsetzung) », *Vierteljahrschrift für Sozial- und Wirtschaftsgeschichte*, vol. 2, n° 2, p. 219-253.

Fattori, Daniela. 2002. « Venezia culla della stampa glagolitica. L'editio princeps del Breviario (1492) », *Gutenberg-Jahrbuch*, vol. 11, p. 110-123.

Fattori, Daniela. 1995. « Nuove ricerche sulla tipografia del Quattrocento », *La Bibliofilia*, vol. 97, p. 1-20.

Fava, Domenico. 1941. « Un grande libraio-editore di Bologna del Quattrocento : Sigismondo dei Libri », *Gutenberg-Jahrbuch*, vol. 16, p. 80-97.

Febvre, Lucien et Martin, Henri-Jean. (1957) 1999. *L'Apparition du livre*, Paris, Albin Michel.

Fontana, Giovanni et Sandal, Ennio (éd.). 2001. *Cartai e stampatori in Veneto*, Brescia, Grafo.

Forlivesi, Marco. 2020. « Vernia, Nicoletto », *Dizionario Biografico degli Italiani*, vol. 98.

Franceschi, Franco. 1993. *Oltre il "Tumulto" : i lavoratori fiorentini dell'Arte della lana fra Tre et Quattrocento*, Florence, Olschki.

Franceschi, Franco. 1996. « Les enfants au travail dans la manufacture textile florentine du XIVe et XVe siècles », *Médiévales*, vol. 15, p. 69-82.

Gasparrini Leporace, Tullia. 1967. « Nuovi documenti sulla tipografia veneziana del Quattrocento », dans *Studi bibliografici*, Florence, Olschki, p. 25-46.

Gatti, Elena. 2018. *Francesco Platone de' Benedetti. Il principe dei tipografi bolognesi fra corte e Studium*, Udine, Forum.

Gialdini, Anna. 2021. « Bookbinders in the early modern Venetian book trade », *The Historical Journal*, vol. 65, n° 4, p. 1-21.

Gialdini, Anna et Silvestri, Alessandro. 2019. « Administrative knowledge and material practices in the archive », *Mélanges de l'École française de Rome – Moyen Âge*, vol. 131, n° 1.

Grafton, Anthony Thomas. 2011. *Humanists with Inky Fingers : The Culture of Correction in Renaissance Europe*, Florence, Olschki.

Graheli, Shanti et Pettegree, Andrew. 2019. « How to lose money in the business of books : Commercial strategies in the first age of print », dans *Buying and Selling : the Business of Books in Early Modern Europe*, Shanti Graheli (éd.), Leiden/Boston, Brill.

Hilaire, Jean. 1986. *Introduction historique au droit commercial*, Paris, Presses universitaires de France, p. 167-185.

Hobson, Anthony. 1998. « La legatura a Bologna », dans *Legature bolognesi del rinascimento*, Anthony Hobson et Leonardo Quaquarelli (éd.), Bologne, Clueb, p. 9-30.

Infelise, Mario. 1999. *I Libri proibiti da Gutenberg all'Encyclopedia*, Rome/Bari, Laterza.

Jastrbizkaja, Adel L. 1992. « L'imprimerie allemande, une nouvelle branche d'une production en série aux XVe-XVIe siècles. Structure socio-économique », dans *Produzione e commercio della carta e del libro secc. XIII-XVIII*, Florence, Le Monnier, p. 531-550.

Jimenes, Rémi. 2017. *Charlotte Guillard : une femme imprimeur à la Renaissance*, Tours, Presses universitaires François-Rabelais de Tours.

Kikuchi, Catherine. 2018a. « Concurrence et collaboration dans le monde du livre vénitien, 1469-début du XVIe siècle », *Annales. Histoire, Sciences Sociales*, vol. 73, n° 1, p. 185-212.

Kikuchi, Catherine. 2018b. *La Venise des livres, 1469-1530*, Ceyzérieu, Champ Vallon.

Kikuchi, Catherine. 2018c. « L'imprimerie en réseau : la construction de l'édition comme marché économique et culturel (Venise, 1469-1500) », *Temporalités. Revue de sciences sociales et humaines*, n° 27.

Kikuchi, Catherine. 2018d. « Transmettre à bon escient : le rôle de l'héritage et de l'éducation dans l'imprimerie vénitienne (1469-1530) », *Camenulae*, vol. 20.

Kikuchi, Catherine. 2016. « Venise et le monde du livre, 1469-années 1530 », thèse de doctorat, Université Paris-Sorbonne.

Krumenacker, Jean-Benoît. 2022. « L'espace imprimé des incunables lyonnais : normes et évolutions (1473-1500) », *Gazette du livre médiéval*, vol. 66, p. 87-112.

Labrot, Gérard. 2010. *Peinture et société à Naples : XVIe-XVIIIe siècle, commandes, collections, marchés*, Seyssel, Champ Vallon.

Lowry, Martin. (1979) 1989. *Le Monde d'Alde Manuce. Imprimeurs, hommes d'affaires et intellectuels dans la Venise de la Renaissance*, Évreux, Éditions du Cercle de la Librairie.

Ludwig, Gustav. 1902. « Contratti fra lo stampador Zuan di Colonia ed i suoi socii e inventario di una parte del loro magazzino », *Miscellanea di storia veneta*, vol. 8, n° 2, p. 45-88.

Maitte, Corine et Terrier, Didier (éd.). 2014. *Les Temps du travail : normes, pratiques, évolutions, XIVe-XIXe siècle*, Rennes, Presses universitaires de Rennes.

Mardersteig, Giovanni. 1967. *La Singolare cronaca della nascita di un incunabolo : il « Commento » di Gentile da Foligno all'Avicenna stampato a Padova da Pietro Maufer nel 1477*, Vérone, Edizioni Valdonega.

Martin, Henri-Jean. 2000. *La Naissance du livre moderne : mise en page et mise en texte du livre français, XIVe-XVIIe siècles*. Paris, Éditions du Cercle de la Librairie.

Mattozzi, Ivo. 1995. « Il distretto cartario dello stato veneziano. Lavoro e produzione nella Valle del Toscolano dal XIV al XVIII secolo », dans *Cartai e stampatori a Toscolano : vicende, uomini, paesaggi di una tradizione produttiva*, Carlo Simoni (éd.), Brescia, Grafo, p. 23-65.

Mattozzi, Ivo. 2001. « Le cartiere nello Stato veneziano : una storia tra strutture e congiunture (1450--1797) », dans *Mulini da carta : le cartiere dell'alto Garda : tini e torchi fra Trento e Venezia*, Ivo Mattozzi, Ennio Sandal, et Mauro Grazioli (éd.), Vérone, Cartiere Fedrigoni, p. 97-162.

Menant, François. 2009. « Le notaire médiéval, producteur de texte », dans *Herméneutique du texte d'histoire : orientation, interprétation et questions nouvelles*, Shoichi Sato (éd.), Nagoya, p. 77-92.

Menato, Marco et Carpanè, Laurenzo. 1992. « La tipografia nel Veneto (Venezia esclusa). Nota bibliografica », dans *La Stampa in Italia nel Cinquecento*, Marco Santoro (éd.), Rome, Bulzoni, p. 255-276.

Moneti, Elena. 1942. « Un contratto editoriale bolognese del 1489 », dans *Studi e ricerche sulla storia della stampa del Quattrocento*, Giuseppe Bottai (éd.), Milan, Hoepli, p. 211-216.

Monfasani, John. 1988. « The first call for press censorship : Niccolò Perotti, Giovanni Andrea Bussi, Antonio Moreto, and the editing of Pliny's Natural History », *Renaissance Quarterly*, vol. 41, n° 1, p. 1-31.

Montanari, Luigi. 1970. « Gli inizi dell'arte della stampa in Bologna. Nel V centenario dell'Ovidio di Baldassarre Azzoguidi, 1471-1971 », *Strenna storica bolognese*, vol. 20, p. 159-177.

Montecchi, Giorgio. 2013. « Circolazione libraria e mobilità dei primi tipografi in area medio padana », dans *Mobilità dei mestieri del libro tra Quattrocento e Seicento*, Marco Santoro et Samanta Segatori (éd.), Pise/Rome, Serra, p. 245-254.

Nuovo, Angela, Proot, Joran et Booton, Diane E. (éd.). 2022. « Competition in the European book market. Prices and privileges (fifteenth-seventeenth centuries) », *The Golden Compasses*, n° 2.

Nuovo, Angela. 2017. « The price of books in Italy (XV-XVI centuries) », dans *I Prezzi delle cose nell'età preindustriale*, Florence, Firenze University Press, p. 87-127.

Nuovo, Angela. 2013. *The Book Trade in the Italian Renaissance*, Leiden/Boston, Brill.

Nuovo, Angela. 2003. *Il Commercio librario nell'Italia del Rinascimento*, Milan, FrancoAngeli.

Nuovo, Angela. 1995. « Maestri tipografi tra Venezia e il Garda : i Paganini », dans *Cartai e stampatori a Toscolano : vicende, uomini, paesaggi di una tradizione produttiva*, Carlo Simoni (éd.), Brescia, Grafo, p. 81-98.

Nuovo, Angela. 1998. *Il Commercio librario a Ferrara tra XV e XVI secolo : la bottega di Domenico Sivieri*, Florence, Olschki.

Nuovo, Angela. 1990. *Alessandro Paganino : 1509-1538*, Padoue, Antenore.

O'Malley, Michelle. 1985. *The Business of art : contracts and the commissioning process in Renaissance Italy*, New Haven, Yale University Press.

O'Malley, Michelle. 1998. « Late fifteenth- and early sixteenth-century painting contracts and the stipulated use of the painter's hand », dans *With and Without the Medici : Studies in Tuscan Art and Patronage 1434-1530*, Eckart Marchand et Alison Wright (éd.), Aldershot, Ashgate, p. 155-178.

Orioli, Emilio. 1910. « Contratto per correzione di stampe nel sec. XV », *L'Archiginnasio*, vol. V, n° 1, p. 1-5

Orlandelli, Gianfrancesco. 1959. *Il Libro a Bologna dal 1300 al 1330 (documenti) con uno studio su il contratto di scrittura nella dottrina notarile bolognese*, Bologne, Zanichelli.

Ornato, Ezio, Busonero, Paola, Federici, Carlo, Munafo, Paola F. et Storace M., Speranza. 1999. « Aspects qualitatifs de la production de papier filigrané à la fin du Moyen Âge », *Le Papier au Moyen Âge : histoire et technique*, Turnhout, Brepols, p. 177-192.

Ouvry-Vial, Brigitte et Réach-Ngô, Anne (éd.). 2010. *L'Acte éditorial : publier à la Renaissance et aujourd'hui*, Paris, Classiques Garnier.

Panzanelli Fratoni, Maria Alessandra. 2022. « Torti, Giunta & co. A full programme of publishing legal editions (Venice 1507) », *The Golden Compasses*, n° 2, p. 298-309.

Parent-Charon, Annie. 1973. « Les Grecs du roi et l'étude du monde antique », dans *L'Art du livre à l'Imprimerie nationale*, Paris, Imprimerie nationale, p. 55-67.

Pastorelli, Ester. 1965. « Di Aldo Pio Manuzio : testimonianze e documenti », *La Bibliofilia*, vol. 67, p. 163-220.

Pelusi, Simonetta. 1989. « La stampa in caratteri glagotici e cirillici », dans *Armeni, ebrei, greci stampatori a Venezia*, Scilla Abbiati (éd.), Venise, Armena, p. 101-114.

Pettas, William A. 1973. « The cost of printing a Florentine incunable », *La Bibliofilia*, vol. 75, p. 67-86.

Pinto, Giuliano et Franceschi, Franco. 2014. « Le vocabulaire de la rémunération du travail dans la Toscane aux XIIIe-XVe siècles », dans *Rémunérer le travail au Moyen Age : Pour une histoire sociale du salariat*, Patrice Beck, Philippe Bernardi et Laurent Feller (éd.), Paris, Picard, p. 185-199.

Piron, Sylvain. 2004. « L'apparition du *resicum* en Méditerranée occidentale, XIIe-XIIIe siècles », dans *Pour une histoire culturelle du risque*, Emmanuelle Collas-Heddeland et al. (éd.), Strasbourg, Éd. Histoire et Anthropologie, p. 59-76.

Pistarino, Geo. 1961. *Bartolomeo Lupoto e l'arte libraria a Genova nel Quattrocento*, Florence, Di Stefano.

Predelli, Riccardo. 1886. « Contratto per la stampa di un libro », *Archivio Veneto*, vol. 32, n° 16, p. 190-192.

Pryor, John H. 1981. *Business Contracts of Medieval Provence. Selected Notulae from the Cartulary of Giraud Amalric of Marseilles, 1248*, Rome, Pontifical Institute of Mediaeval Studies.

Quaquarelli, Leonardo. 1994. « Verifiche su Baldassarre Azzoguidi : un tratto di storia incunabolistica rivisitato da bibliologia, filologia e informatica », dans *Sul libro bolognese del Rinascimento*, Luigi Balsamo et Leonardo Quaquarelli (éd.), Bologne, CLUEB Archivio umanistico rinascimentale bolognese, p. 27-75.

Réach-Ngô, Anne (éd.). 2014. *Créations d'atelier : l'éditeur et la fabrique de l'œuvre à la Renaissance*, Paris, Classiques Garnier.

Rideau-Kikuchi, Catherine. 2022a. « Des contrats pour imprimer : une étude comparative (Italie du Nord, 1470-1500) », *Gutenberg-Jahrbuch*, p. 146-166.

Rideau-Kikuchi, Catherine. 2022b. « La construction d'un marché

d'imprimeurs. Mobilités et relations économiques dans l'Italie du Nord incunable », *Mélanges de l'École française de Rome – Moyen Âge*, vol. 134, n° 1, p. 193-217.
Ridolfi, Roberto. 1967. « Francesco della Fontana, stampatore e libraio a Venezia », *Studi bibliografici*, Florence, Olschki, p. 53-66.
Rigoni, Erice, 1933, « Stampatori del sec XV a Padova », *Atti e memorie della R. Accademia in Padova*, NS 50, p. 277-333.
Rogledi Manni, Teresa. 1989. *La Tipografia a Milano nel XV secolo*, Florence, Olschki.
Rossi, Federica. 2004. « Dalla storia della stampa alla storia di Bologna : nomi e personalità desunti da un indice », dans *Corpus chartarum Italie ad rem typographicam pertinentium ab arte inventa ad ann. MDL*, Albano Sorbelli, Federica Rossi, Maria Gioia Tavoni et Paolo Temeroli (éd.), Rome, Istituto poligrafico e zecca dello stato, p. 55-83.
Salzberg, Rosa. 2014. *Ephemeral City. Cheap print and urban culture in Renaissance Venice*, Manchester, Manchester University Press.
Sambin, Paolo. 1952. « Intorno a Nicoletto Vernia », *Rinascimento*, vol. 3, n° 2, p. 261-268.
Sandal, Ennio. 1998. « Cartai e stampatori nel Bresciano fra Quattro e Seicento », dans *Il Libro nell'Italia del Rinascimento*, Valentina Grohovaz (éd.), Brescia, Grafo, p. 161-217.
Sartori, Antonio (éd.). 1960. *Documenti padovani sull'arte della stampa nel sec. XV*, Padoue, Tipografia Antoniana.
Saverio Franchi, Orietta. 2020. « Zannetti, Bartolomeo », *Dizionario Biografico degli Italiani*, Rome, Treccani, vol. 100.
Scherman, Mathieu. 2013. *Familles et travail à Trévise à la fin du Moyen Âge (vers 1434-vers 1509)*, Rome, École française de Rome.
Serra Zanetti, Alberto. 1959. *L'Arte della stampa in Bologna nel 1° ventennio del Cinquecento*, Bologne, a spese del Comune.
Sighinolfi, Lino. 1908. « I mappamondi di Taddeo Crivelli e la stampa bolognese della Cosmographia di Tolomeo », *La Bibliofilia*, vol. 10 (août), p. 241-269.
Sighinolfi, Lino. 1912-1914. « Francesco Puteolano e le origini della stampa in Bologna e in Parma », *La Bibliofilia*, vol. 15, p. 241-269.
Sighinolfi, Lino. 1913. « Francesco Puteolano e le origini della stampa in Bologna e in Parma (Continuazione) », *La Bibliofilía*, vol. 15, p. 331-344.
Sighinolfi, Lino. 1914. « Francesco Puteolano e le origini della stampa in

Bologna e in Parma (Continuazione e fine) », *La Bibliofilía*, vol. 15, nº 12, p. 451-467.

Simeone, Maria Nicoletta. 2001. « Le origine della produzione cartaria nel Vincentino », dans *Cartai e stampatori in Veneto*, Giovanni Fontana et Ennio Sandal (éd.), Brescia, Grafo, p. 7-15.

Sorbelli, Albano. 1910. « Il tipografo della prima edizione del "Singularia dicta" di Francesco da Crema », *La Bibliofilía*, vol. 11, nº 12, p. 453-458

Sorbelli, Albano. 2003. *Storia della stampa in Bologna*, Maria Gioia Tavoni (éd.), Bologne, A. Forni.

Sorbelli, Albano, Tavoni, Maria Gioa, Rossi, Federica et Temeroli, Paolo (éd.). 2004. *Corpus chartarum Italie ad rem typographicam pertinentium ab arte inventa ad ann. MDL*, Rome, Istituto poligrafico e zecca dello stato.

Stefanutti, Ugo. 1969. « Bonetti, Baverio Magjhinardo de », *Dizionario Biografico degli Italiani*, vol. 11.

Tamba, Giorgio (éd.). 2002. *Rolandino e l'« ars notaria » da Bologna all'Europa, atti del convegno internazionale di studi storici sulla figura e l'opera di Rolandino*, Milan, Giuffrè.

Tavoni, Maria Gioia. 1989. *I Mestieri del libro nella Bologna del Settecento*, Bologne, Il Mulino.

Troadec, Cécile. 2015. « *Actum Rome* : les pratiques d'authentification des actes notariés à Rome à la fin du Moyen Âge », *Questes*, vol. 29, p. 137-154.

Tura Corsellini, Diana. 1990. « Il riordinamento del fondo notarile dell' Archivio di Stato di Bologna : un'esperienza in Corso », dans *Indice dei notai bolognesi dal XIII al XIX secolo*, Graziella Grandi Venturi (dir.), Bologne, Archivio di Stato di Bologna, p. 41-46.

Vanautgaerden, Alexandre. 2017. « Érasme : écrire au milieu des presses », *Genesis. Manuscrits – Recherche – Invention*, nº 45 (décembre), p. 167-180.

Veneziani, Paolo. 2007. « Manzolo, Michele », *Dizionario Biografico degli Italiani*, Rome, Treccani, vol. 69.

Victor, Sandrine. 2019. « Le contrat dans le secteur du batiment : marqueur d'affaires et de confiance ? Exemple catalan au bas Moyen Age », in *Construire ! Entre Antiquité et époque contemporaine*, Gilles Bienvenu, Martial Monteil, Hélène Rousteau-Chambon (éd.), Paris, Picard, p. 401-408.

Volpati, Carlo. 1932. « Gli Scotti di Monza. Tipografi-editori in Venezia », *Archivio storico lombardo*, vol. 59, p. 365-382.

Wirtz, Carolin. 2006. *Köln und Venedig : wirtschaftliche und kulturelle Beziehungen im 15. und 16. Jahrhundert*, Cologne, Böhlau.

INDEX DES PERSONNES

TABLE DES MATIÈRES

COLLECTION « ARCHIVES DU TRAVAIL »

La collection « Archives du travail » propose d'ouvrir à un large public l'accès aux matériaux d'une histoire du travail en renouvellement. Elle édite un choix de documents oubliés ou inédits portant sur des situations singulières, exemplaires et problématiques, et confie à des spécialistes de différentes périodes et aires géographiques le soin de les éclairer et de les mettre en perspective.

Retrouvez tous les titres de la collection en scannant ce code QR :

Et pour recevoir nos dernières actualités, abonnez-vous ici :

Achevé d'imprimer par Corlet,
Condé-en-Normandie (Calvados),
en Février 2025
N° d'impression : 187113 - dépôt légal : Février 2025
Imprimé en France